AF190743

Die 100 besten Spiele für den Sportunterricht
mit großem Sonderteil Kinder-Yoga

Gruppenspiele haben im Sporttraining oder -unterricht zahleiche Funktionen und positive Effekte. Sie machen den Kindern Spaß, sorgen für Beschäftigung und motivieren zu guten sportlichen Leistungen. Darüber hinaus können sie spielerisch Motorik, Koordination, Balance, Kondition, Dynamik, Körperkraft, kognitive Fähigkeiten, Sozialverhalten und emotionale Reife verbessern. Die Spiele, die in diesem Buch vorgestellt werden, sind in Fangspiele, Abwurfspiele, Laufspiele, Ballspiele, Spiele für mehr Selbstbewusstsein, Achtsamkeitsspiele und Raufspiele unterteilt. So kann stets auf ein großes Repertoire zurückgegriffen werden, gleich wie viele Kinder teilnehmen, ob in einer Turnhalle oder im Außenbereich gespielt wird, ob Hilfsmittel zur Verfügung stehen, welcher Zeitansatz vorhanden ist usw. Zusätzlich beinhaltet das Buch eine Sammlung von zahlreichen Positionen aus dem Kinder-Yoga, die jederzeit als Entspannungs- und Gymnastikübungen in das Training oder den Unterricht eingebaut werden können.

Der Autor lehrt Wing Tsun-Kung Fu und Qi Gong an seiner eigenen Schule, nachdem er diese Künste von europäischen und chinesischen Lehrern erlernt hat. Er unterrichtet seit vielen Jahren Kinder verschiedenen Alters in Selbstverteidigung und Selbstbehauptung und gibt regelmäßig Kurse an Schulen. Die Spiele, die er in diesem Buch vorstellt, sind vielfach erprobt und werden von den Kindern immer wieder gewünscht und gerne praktiziert. Er bemüht sich in seinen Büchern um ausführliche und leicht verständliche Anweisungen und Beschreibungen. Jin bedeutet „heute" und Dao „der Weg".

Die besten Kinderspiele für den Sportunterricht
1.Auflage, Februar 2024
Copyright © Jin Dao 2024
Coverabbildung: pixabay.com
Fotos: eigene
Bilder: pixabay
Herstellung und Verlag: BoD – Books on Demand, Norderstedt
ISBN: 978-3758368042

JIN DAO-Verlag
D 66424 Homburg
www.WT-Saarpfalz.de
E-Mail: Kontakt@WT-Saarpfalz.de

Inhalt

Die 100 besten Spiele für den Sportunterricht

Allgemeines

Gruppenspiele haben im Sporttraining oder -unterricht zahleiche Funktionen und positive Effekte. Vordergründig machen sie den Kindern Spaß, sorgen für Beschäftigung und motivieren zu guten sportlichen Leistungen. Darüber hinaus können auf diese Weise spielerisch Motorik, Koordination, Balance, Kondition, Dynamik, Körperkraft, kognitive Fähigkeiten, Sozialverhalten und emotionale Reife verbessert werden.

Die Spiele, die wir in diesem Buch vorstellen, haben wir in unserem Training über viele Jahre hinweg erprobt und werden von den Kindern immer wieder gewünscht und gerne praktiziert. Dabei bestehen zwischen den einzelnen Spielen deutliche Unterschiede, sodass wir sie zwecks Verbesserung der Übersichtlichkeit in verschiedene Arten unterteilt haben:

-Fangspiele
-Abwurfspiele
-Laufspiele
-Ballspiele
-Spiele für mehr Selbstbewusstsein
-Achtsamkeitsspiele
-Raufspiele.

Welche Spiele für eine bestimmte Gruppe von Kindern gerade geeignet sind, hängt von mehreren Faktoren ab, z.B.

-Anzahl der Kinder
-Alter der Kinder
-Fähigkeiten der Kinder
-Zur Verfügung stehende Zeit
-Zur Verfügung stehender Trainingsort
-Zur Verfügung stehende Hilfsmittel.

So existieren Spiele, die sich besser für eine begrenzte Zahl an Kindern eignen, weshalb unter Umständen mit parallelen Gruppen, mehreren Mannschaften oder Ersatzspielern geplant werden muss. Weitere Spiele erfordern Bälle, Matten oder andere Hilfsmittel, während sich wieder andere am besten in einer Turnhalle mit eingezeichneten Linien und einem sauberen Boden durchführen lassen.

Wir haben uns bemüht, alle Spiele möglichst klar zu beschreiben. Zudem haben wir Varianten vermerkt, die sinnvolle Ergänzungen darstellen und ebenfalls Berücksichtigung finden können. Tatsächlich ist kein Regelwerk in Stein gemeißelt, denn es sollte stets angestrebt werden, dass

-die Regeln für jeden verständlich und nachvollziehbar sind
-das Einhalten der Regeln gut überwacht werden kann
-möglichst alle Kinder stets beschäftigt sind
-die Kinder weder unter- noch überfordert werden
-der Spielverlauf abwechslungsreich und spannend ist.

Manchmal genügen bereits geringfügige Anpassungen, um das gewünschte Ziel zu erreichen. Z.B. kann das Ernennen eines weiteren Fängers bei einem Fangspiel für mehr Chancengleichheit sorgen. Die Spielleitung sollte daher immer aufmerksam sein und das Verhalten der Kinder beobachten, damit man in der nächsten Spielrunde ggfs. an einzelnen Stellschrauben drehen kann oder womöglich zu einem anderen Spiel wechselt.

Fangspiele

1.Klassisches Abschlagen
Hilfsmittel:
keine
Spielablauf:
Die Kinder bewegen sich frei im ganzen Raum umher. Die Spielleitung bestimmt eines oder mehrere Kinder, die als Fänger agieren.
Nach dem Spielbeginn versuchen die Fänger, die flüchtenden Kinder abzuschlagen. Wenn einer der Fänger Erfolg hat und ein Kind abschlägt, dann wird dieses selbst zum Fänger und der bisherige Fänger wird zum Flüchtenden. Damit die Fänger zu jedem Zeitpunkt zweifelsfrei identifiziert werden können, empfiehlt es sich dass diese dauerhaft einen Arm nach oben strecken.
Die Anzahl der Fänger sollte so gewählt werden, dass die flüchtenden Kinder stets mit Davonlaufen beschäftigt sind, bzw. ihre Aufmerksamkeit gefordert ist.
Es kann vereinbart werden, dass ein sofortiges Rückschlagen erlaubt oder untersagt ist.
Varianten:
-Die Spielleitung kann festlegen, dass sich Fänger und/oder Flüchtende lediglich auf eine bestimmte Art und Weise bewegen dürfen, z.B. hüpfend, rückwärts, im Leopardengang (auf allen Vieren), im Krabbengang (auf allen Vieren mit der Brust nach oben), mit beiden Armen verschränkt, nur auf eingezeichneten Linien („Linienfangen") usw.
-„Schattenfangen": Wird das Spiel im Freien bei schönem Wetter gespielt, dann kann das Abschlagen dadurch ersetzt werden, dass die Fänger auf den Schatten der flüchtenden Kinder treten müssen.
-„Verletztenfangen": Die Fänger müssen sich mit einer Hand immer diejenige Stelle halten, an der sie zuvor abgeschlagen wurden.

2.Räuber und Gendarm
Hilfsmittel:
Uhr
Spielablauf:
Auf oder neben dem Spielfeld wird ein Gefängnis-Bereich festgelegt, bzw. markiert. In einer Turnhalle bietet sich dazu z.B. der Mittelkreis an. Anschließend ernennt die Spielleitung einige Kinder zu Gendarmen, während die übrigen die Räuber darstellen.

Nach dem Spielbeginn versuchen die Gendarmen, die Räuber abzuschlagen, woraufhin sich die gefangenen Räuber augenblicklich ins Gefängnis begeben müssen. Die noch nicht gefangenen Räuber können ihre Mitstreiter jedoch wieder befreien, indem sie sich gegenseitig abklatschen. Die Gendarmen müssen sich daher darum bemühen, sowohl die Räuber zu fangen als auch die Gefangenen zu bewachen.

Die Gendarmen gewinnen das Spiel, wenn sich alle Räuber gleichzeitig im Gefängnis befinden. Die Räuber gewinnen das Spiel, wenn die zuvor festgelegte Zeit verstrichen ist und wenigstens ein Kind noch nicht gefangen wurde.

Varianten:

-Anstatt einem einzigen Gefängnis kann es auch mehrere geben, z.B. in einer Turnhalle die beiden Tore. Die Gefangenen dürfen sich in diesem Fall aussuchen, in welches sie sich begeben.

-Die Gendarmen können vor Spielbeginn ihre Rollen festlegen. Demzufolge sind einige Kinder ausschließlich Gefängniswärter und bewegen sich in einem bestimmten Areal um das Gefängnis herum, während ihre Mitspieler die Räuber auf dem ganzen Spielfeld abschlagen dürfen.

3.Schwarzer Mann

Hilfsmittel:

Keine

Spielablauf:

Die Spielleitung bestimmt eines oder mehrere Kinder, die als Fänger agieren und sich auf einer Seite des Spielfeldes aufstellen. Die übrigen Kinder stehen an der gegenüberliegenden Seite des Spielfeldes. Vor jeder Spielrunde ruft der Schwarze Mann (Sinnbild für die Pest, bzw. den Tod): „Wer hat Angst vorm Schwarzen Mann?" Die anderen Kinder geben gemeinsam zur Antwort: „Niemand!" Der Schwarze Mann ruft wiederum: „Und wenn er aber kommt?" Die Antwort darauf lautet: „Dann laufen wir davon!"

Der Schwarze Mann versucht nun, so viele Kinder wie möglich abzuschlagen, während diese wiederum versuchen, die andere Seite des Spielfeldes zu erreichen. Die abgeschlagenen Kinder werden in der nächsten Spielrunde ebenfalls zu Fängern, d.h. zu Gehilfen des Schwarzen Mann.

Das Spiel endet nach einer festgelegten Zahl an Spielrunden, z.B. drei, sodass alle Kinder, die dann noch nicht gefangen wurden, gewinnen. Der Schwarze Mann gewinnt, wenn keines der flüchtenden Kinder alle drei Spielrunden übersteht.

Varianten:

-Die Spielleitung kann festlegen, dass der Schwarze Mann und seine Gehilfen die flüchtenden Kinder jeweils drei Mal hintereinander abschlagen müssen, damit diese als gefangen gelten. Dabei müssen die Fänger laut mitzählen.

-Es kann festgelegt werden, dass das Spiel solange andauert, bis nur noch ein flüchtendes Kind übrig ist und das Spiel gewinnt.

4.Zauberwald
<u>Hilfsmittel:</u>
Keine
<u>Spielablauf:</u>
Die Spielleitung bestimmt eines oder mehrere Kinder, die als Fänger agieren und sich auf einer Seite des Spielfeldes aufstellen. Die übrigen Kinder stehen an der gegenüberliegenden Seite des Spielfeldes. Der Fänger kann auch als „Zauberer" oder „Zauberin" bezeichnet werden.

Nach dem Startkommando versuchen die Kinder, die andere Seite des Spielfeldes zu erreichen, während der Zauberer seinerseits versucht, so viele Kinder wie möglich abzuschlagen. Die abgeschlagenen Kinder bleiben an derjenigen Stelle stehen, an der sie gefangen wurden.

In der darauffolgenden Runde werden die abgeschlagenen Kinder zu Gehilfen des Zauberers, wobei sie nunmehr verzauberte Bäume darstellen. Sie dürfen daher nicht laufen, sondern müssen an Ort und Stelle verbleiben und können lediglich ihre Arme bewegen.

Das Spiel endet nach einer festgelegten Zahl an Spielrunden, z.B. drei, sodass alle Kinder, die dann noch nicht gefangen wurden, gewinnen. Der Zauberer gewinnt hingegen, wenn keines der flüchtenden Kinder alle drei Spielrunden übersteht.
<u>Varianten:</u>
-Es kann festgelegt werden, dass das Spiel solange andauert, bis nur noch ein flüchtendes Kind übrig ist und das Spiel gewinnt.

-Es kann dem Zauberer gestattet werden, eine bestimme Anzahl an Bäumen vor Beginn der nächsten Spielrunde zu verpflanzen. Alternativ kann ihm gestattet werden, einen Baum dergestalt zu verzaubern, dass dieser laufen kann. Auf diese Weise können seine Chancen verbessern werden.

5.Kettenfangen
<u>Hilfsmittel:</u>
Keine
<u>Spielablauf:</u>
Die Spielleitung bestimmt anfangs zwei Kinder zu Fängern. Diese geben sich gegenseitig die Hände.

Nach dem Spielbeginn können sich die flüchtenden Kinder frei innerhalb des Spielfeldes bewegen. Die Fänger versuchen nun, eines der flüchtenden Kinder abzuschlagen, wobei sie sich die ganze Zeit über an den Händen halten müssen. Reißt die Kette, so müssen sie sich erst erneut an den Händen fassen, ehe sie mit dem Fangen fortfahren.

Ein Kind, das abgeschlagen wird, wird ebenfalls in die Kette aufgenommen, sodass diese sukzessive verlängert wird.

Das letzte Kind, das noch nicht gefangen wurde, ist der Gewinner.

-Die Spielleitung kann bestimmen, dass eine Kette aus maximal drei Kindern besteht. Wird ein viertes Kind gefangen, so wird die Kette entsprechend geteilt, sodass fortan mehrere Ketten bestehen.
-„Einkreisen": Anfangs bilden etwa die Hälfte der Kinder eine lange Kette und versuchen im Folgenden, die flüchtenden Kinder zu fangen. Sie dürfen diese jedoch nicht abschlagen, sondern müssen sie einkreisen, sodass diese nicht mehr ausbrechen können. Die auf diese Weise Gefangenen treten danach der Kette bei.

6. Hase und Jäger
Hilfsmittel:
Keine
Spielablauf:
Die Kinder verteilen sich eingangs im Raum und setzen sich mit angezogenen Beinen auf den Boden. Dabei sollten sie nicht zu nah an den Wänden sitzen. Ein Kind wird zum Jäger und eins zum Hasen bestimmt.
Nach dem Spielbeginn versucht der Jäger, den Hasen zu fangen, indem er ihn abschlägt. Wenn er erfolgreich ist, dann erfolgt ein Rollentausch, sodass der bisherige Jäger zum Hasen wird und der bisherige Hase die Rolle des Jägers einnimmt.
Gelingt es hingegen dem Hasen, sich unmittelbar neben ein anderes Kind auf den Boden zu setzen, wird dieses augenblicklich zum neuen Jäger, und der bisherige Jäger wird zum neuen Hasen.
Varianten:
-Bei vielen teilnehmenden Kindern können auch mehrere Jäger und Hasen gleichzeitig existieren. Jeder Jäger darf dann stets nur „seinen" Hasen fangen. Auf diese Weise kommen alle Kinder häufiger zum Einsatz.

7. Maus komm raus
Hilfsmittel:
Keine
Spielablauf:
Die Kinder bilden einen großen Kreis und stellen ihre Beine weit auseinander. Zwischen den Kindern sollte sich ein Abstand von ca. 1 m befinden. Ein Kind wird eingangs zur Katze und ein anderes zur Maus ernannt.
Nach dem Spielbeginn versucht die Katze, die Maus zu fangen. Die Maus darf sich dabei nur innerhalb des Kreises bewegen. Wenn es der Katze gelingt, die Maus abzuschlagen, tauschen die beiden Kinder ihre Rollen. Die bisherige Maus wird demnach zur neuen Katze, und die bisherige Katze wird zur neuen Maus.
Die Maus kann sich allerdings dadurch retten, dass sie zwischen den Beinen eines der umherstehenden Kinder hindurchkriecht. In diesem Fall wird das betreffende Kind augenblicklich zur neuen Katze, die bisherige Maus stellt sich an die nun frei gewordene Stelle, und die bisherige Katze wird zur Maus.

Varianten:

-Bei vielen teilnehmenden Kindern können auch zwei Katzen und zwei Mäuse gleichzeitig bestimmt werden. In diesem Fall darf jede nur „ihre" Maus fangen. Dies erhöht die Dynamik des Spiels, und alle Kinder kommen häufiger an die Reihe.

-Es kann festgelegt werden, dass sich Katze und Maus auch auf dem Spielfeldbereich hinter den im Kreis stehenden Kindern bewegen können. Demnach kann die Maus auch von hinten durch die Beine eines wartenden Kindes kriechen, um sich zu retten.

8.Versteinerung

Hilfsmittel:

Uhr

Spielablauf:

Die Spielleitung bestimmt zunächst einige Kinder, die als Fänger fungieren. Diese können z.B. als böse Zauberer bezeichnet werden, welche die Fähigkeit haben, andere Kinder zu versteinern.

Nach dem Spielbeginn können sich die flüchtenden Kinder frei auf dem Spielfeld bewegen, während die Zauberer versuchen, sie zu fangen. Wenn es einem der Zauberer gelingt, ein Kind abzuschlagen, muss dieses an Ort und Stelle stehen bleiben und seine Beine spreizen. Es ist nun versteinert. Die noch nicht gefangenen Kinder können ihre Mitstreiter allerdings wieder befreien, bzw. „entsteinern", nämlich indem sie zwischen deren Beinen hindurchkriechen.

Die Zauberer gewinnen das Spiel, wenn alle Kinder gleichzeitig versteinert wurden. Die flüchtenden Kinder gewinnen das Spiel, wenn die zuvor festgelegte Zeit verstrichen ist und wenigstens ein Kind noch nicht gefangen wurde.

Varianten:

-Teamkampf: Die Spielrunde kann solange durchgeführt werden, bis eine Gruppe von Zauberern alle flüchtenden Kinder gefangen hat. Die Spielleitung stoppt die dafür benötigte Zeit. Anschließend ist eine andere Mannschaft an der Reihe. Es gewinnt die Mannschaft, die für die Aufgabe die geringste Zeit benötigt hat.

-Die Befreiung eines versteinerten Kindes kann anstatt durch das Durchkriechen der Beine schlicht durch Abschlagen erfolgen. In diesem Fall wird das Spiel für die Fänger schwieriger.

9.Gespensterjagd

Hilfsmittel:

Einige Kastenoberteile oder Matten

Spielablauf:

Die Kastenoberteile oder Matten werden vor Spielbeginn an verschiedenen Stellen auf dem Spielfeld verteilt. Danach bestimmt die Spielleitung einige Kinder zu Gespensterjägern. Die übrigen Kinder stellen die Gespenster dar.

Nach dem Spielbeginn versuchen die Gespensterjäger, die Gespenster zu fangen. Dabei müssen sie stets einen Arm nach oben strecken, sodass ihnen lediglich der andere zum Abschlagen bleibt. Der nach oben gestreckte Arm dient der Erkennbarkeit, der andere Arm stellt einen Gespenstersauger dar. Wird ein Gespenst gefangen, wird dieses zum Gespensterjäger, und der bisherige Gespensterjäger wird zum Gespenst.

Die Kastenoberteile oder Matten stellen Geisterhäuser dar. Sie dienen den Gespenstern als Freimal oder „Haus", d.h. wenn sie darauf stehen, können sie nicht abgeschlagen werden. Allerdings dürfen die Gespenster jeweils nur 3 Sekunden in den Geisterhäusern bleiben, sodass sie beim Betreten der Kastenoberteile oder Matten sofort laut mit Zählen („Eins – Zwei – Drei") beginnen und das Geisterhaus danach verlassen müssen.

Varianten:

-„Das letzte Gespenst": Die Spielregeln können vorsehen, dass nur ein Kind als Fänger beginnt und jedes gefangene Kind ebenfalls zu einem Gespensterjäger wird. D.h. es findet kein Rollentausch statt, sondern die Zahl der Gespensterjäger wächst stetig weiter. Gewonnen hat dasjenige Kind, das als letztes nicht gefangen wurde.

10.Inselfangen

Hilfsmittel:

Mehrere Matten

Spielablauf:

Die Spielleitung bestimmt eingangs ein Kind zum Hai. Bei einer größeren Zahl an Spielern können auch mehrere Kinder zu Haien ernannt werden. Die anderen Kinder stellen die Schiffbrüchigen dar. Auf dem Spielfeld werden idealerweise so viele Matten verteilt, wie Schiffbrüchige vorhanden sind. Danach stellen sich die Kinder jeweils auf eine Matte. Alternativ kann die Anzahl der Matten genau die Hälfte der Anzahl der Schiffbrüchigen betragen. In diesem Fall stellen sich immer zwei Kinder auf eine Matte. Die Matten stellen kleine Inseln dar, die sich auf dem Ozean befinden und hin und wieder überschwemmt werden.

Als Startkommando ruft die Spielleitung laut „Überschwemmung!". Daraufhin muss jeder der Schiffbrüchigen augenblicklich seine Insel verlassen und sich eine neue Insel, d.h. Matte, suchen, da die bisherige keinen Schutz mehr bietet. In der Zwischenzeit versucht der Hai, einen der Schiffbrüchigen abzuschlagen. Die neue Insel dient den weglaufenden Kindern als Freimal, d.h. wenn sie diese erreichen, sind sie in dieser Spielrunde geschützt. Allerdings darf jede Matte wie vor Spielbeginn nur von einem Kind beteten werden (bzw. von zwei Kindern wenn nur die halbe Anzahl an Matten vorhanden ist).

Wenn es dem Hai gelingt, einen der Schiffbrüchigen abzuschlagen, wird dieser zum neuen Hai und der bisherige Hai wird zum Schiffbrüchigen. Anschließend gibt die Spielleitung das Startkommando für die nächste Spielrunde.

Varianten:

-„Der Überlebende": Es kann festgelegt werden, dass die gefangenen Kinder nicht ersatzweise sondern zusätzlich zu Haien werden. Das Spiel geht solange, bis nur noch ein Schiffbrüchiger vorhanden ist und gewinnt.

-Teamkampf: Es werden mehrere Kinder zu Haien ernannt. Diese verbleiben während der gesamten Spielrunde in ihrer Rolle und fangen nach und nach alle Schiffbrüchigen. Die abgeschlagenen Kinder setzen sich jeweils auf eine der Inseln und blockieren diese somit. Die Spielleitung stoppt die benötigte Zeit. Danach kommt ein anderes Team an die Reihe. Es gewinnt schlussendlich die schnellste der Mannschaften.

11. Haifischfangen
Hilfsmittel:
Vier Matten
Spielablauf:
Das gesamte Spielfeld markiert den weiten Ozean. Die Matten werden innerhalb des Ozeans in einem Viereck ausgelegt und stellen Haifischhöhlen dar. Die Fläche dazwischen muss groß genug sein, damit sich alle Kinder frei darauf bewegen können. An den beiden Spielfeldenden, d.h. in einiger Entfernung hinter den Haifischhöhlen, befindet sich jeweils eine Höhle der kleinen Fische. In einer Turnhalle können das z.B. die Tore sein. Die Spielleitung bestimmt zwei Kinder zu Haifischen. Diese begeben sich eingangs jeweils auf eine der Matten. Die anderen Kinder stellen kleine Fische dar. Sie begeben sich in den Bereich zwischen den vier Matten.
Nach dem Spielbeginn schwimmen die kleinen Fische in dem Teil des Ozeans herum, der sich zwischen den Haifischhöhlen befindet, d.h. die Kinder joggen kreuz und quer auf der Fläche innerhalb des Mattenvierecks. Die Haie warten unterdessen in ihren Höhlen.
Sobald die Spielleitung das Kommando „Haialarm!" ausruft, versuchen die kleinen Fische, sich in einer ihrer beiden Höhlen in Sicherheit zu bringen. Gleichzeitig stürmen die Haie in den Ozean hinaus und versuchen, die vor ihnen flüchtenden kleinen Fische abzuschlagen.
Gefangene Fische werden in der nächsten Spielrunde ebenfalls zu Haien und stellen sich auf eine beliebige der vier Matten. Der Spielablauf wird solange wiederholt, bis nur noch ein kleiner Fisch übrig ist und gewinnt.
Varianten:
-„Haiduell": Es werden vier Kinder zu Haien ernannt, z.B. ein Weißer Hai, Hammerhai, Tigerhai und Megalodon. Diese haben jeweils eine Matte als Höhle. Die kleinen Fische, die nach dem Auslösen gefangen werden, setzen sich jeweils hinter ihren Fänger, bzw. dessen Höhle, auf den Boden. Es fangen jedoch weiterhin ausschließlich die vier ursprünglichen Haie. Das Spiel geht solange, bis alle kleinen Fische gefangen wurden. Es gewinnt derjenige Hai, der die meisten Fische gefangen

hat. Alternativ können jeweils zwei Kinder von derselben Haiart sein, sodass zwei Hai-Teams gegeneinander antreten.

-„Clownfisch gegen Doktorfisch": Die flüchtenden Kinder werden in zwei gleich große Mannschaften eingeteilt, z.B. in Clownfische und Doktorfische. Jede Mannschaft hat eine eigene Höhle. Des Weiteren werden auch hier vier Kinder zu Haien ernannt. Nach dem Startkommando versuchen die kleinen Fische, jeweils ihre rettende Höhle zu erreichen, während die Haie alle Kinder abschlagen wollen. Gefangene Kinder scheiden aus. Das Team, das zuerst eliminiert wurde, verliert das Spiel.

12. Schnellfangen
Hilfsmittel:
Stoppuhr
Spielablauf:
Die teilnehmenden Kinder werden in Paare oder mehrere gleich große Mannschaften eingeteilt.

Nach dem Startkommando versucht das erste Team, schnellstmöglich alle übrigen Kinder abzuschlagen. Die flüchtenden Kinder dürfen sich frei auf dem Spielfeld bewegen und versuchen, den Fängern den Erfolg so schwer wie nur möglich zu machen. Die Kinder, die abgeschlagen wurden, gehen in die Hocke und warten, bis die Spielrunde vorüber ist.

Die Spielleitung misst die Zeit, die das jeweilige Team benötigt, um alle flüchtenden Kinder zu fangen. Danach ist nach einer kurzen Verschnaufpause die nächste Mannschaft an der Reihe. Die Teams, die die Fangaufgabe am schnellsten bewältigt haben, gewinnen Gold, Silber und Bronze.
Varianten:
-Die Spielleitung kann festlegen, dass sich Fänger und/oder Flüchtende lediglich auf eine bestimmte Art und Weise bewegen dürfen, z.B. hüpfend, auf allen Vieren, im Krabbengang, mit den Armen wie mit Flügeln schlagend (Fliegenfangen) usw.

13. Fischer, Fischer
Hilfsmittel:
Keine
Spielablauf:
Die Spielleitung bestimmt zunächst ein Kind, das den Fischer darstellt. Dieses stellt sich auf einer Seite des Spielfeldes auf. Die übrigen Kinder sind die Fische und stehen an der gegenüberliegenden Seite des Spielfeldes.

Nach dem Spielbeginn rufen die Kinder vor jeder Spielrunde: „Fischer, Fischer, wie tief ist das Wasser?" Darauf gibt der Fischer einen beliebigen Wert zur Antwort, z.B. „2 Meter". Je höher die genannte Zahl ist, desto schwieriger sollte tendenziell die folgende Aufgabe sein. Die Fische fragen als nächstes: „Wie kommen wir hinüber?" Daraufhin erklärt der Fischer, wie sich die Fische in dieser Spielrunde fortzubewegen haben. Beispielsweise sagt er: „brustschwimmend" und macht die entsprechende Bewegung vor. Andere Möglichkeiten sind kraulend, hüpfend, rückwärts schwimmend, sich im Kreis drehend, auf allen Vieren, laut zählend, ein Lied singend usw.

Die Fische versuchen nun, auf die genannte Weise die andere Seite des Spielfeldes zu erreichen, während der Fischer seinerseits versucht, so viele Fische wie möglich abzuschlagen. Die abgeschlagenen Kinder werden in der nächsten Spielrunde ebenfalls zu Fischern.

Das Spiel endet entweder, wenn nur noch ein Kind übrig ist und damit gewinnt oder aber nach einer festgelegten Zahl an Spielrunden, z.B. drei, sodass alle Fische, die dann noch nicht gefangen wurden, gewinnen. Im letzteren Fall gewinnt der Fischer, wenn keiner der Fische alle drei Spielrunden übersteht.

Varianten:

-Der Einfachheit halber kann die Spielleitung vor Beginn jeder Spielrunde den Dialog anstelle des Fischers führen. So kann sie Abwechslung und einen spannenden Spielablauf gewährleisten. Zusätzlich kann die Spielleitung jeweils festlegen, dass auch die Fischer in ihren Bewegungen eingeschränkt sind, indem diese sich lediglich eine bestimmte Weise fortbewegen dürfen oder nur mit einer festgelegten Hand fangen dürfen usw.

14.Chinesische Mauer

Hilfsmittel:

Keine

Spielablauf:

Dieses Spiel benötigt eine oder am besten mehrere durchgehende Linien am Boden, die quer über das Spielfeld, d.h. orthogonal zur Laufrichtung der Kinder verlaufen. In einer Turnhalle bietet sich z.B. die Mittellinie an. Eingangs bestimmt die Spielleitung eines oder mehrere Kinder zu Fängern, bzw. Mauerwächtern. Diese verteilen sich auf den durchgezogenen Linien. Die flüchtenden Kinder stehen gemeinsam an einem Ende des Spielfeldes.

Nach dem Spielbeginn versuchen die Läufer, die Mauern zu überwinden und an das andere Ende des Spielfeldes zu gelangen. Die Fänger versuchen unterdessen, die flüchtenden Kinder abzuschlagen, wobei sie sich jedoch ausschließlich auf ihrer Linie bewegen dürfen.

Kinder, die gefangen wurden, werden in der nächsten Spielrunde ebenfalls zu Mauerwächtern. Bei mehreren Mauern verteidigen sie dann entweder die Mauer, auf der sie gefangen wurden, oder aber sie werden von der Spielleitung gleichmäßig auf die Mauern verteilt

Das Spiel endet nach einer zuvor festgelegten Zahl an Runden, z.B. drei. Die Kinder, die zu diesem Zeitpunkt noch nicht gefangen wurde, haben alle Mauern überwunden und gewonnen. Wurde hingegen alle Kinder gefangen, gewinnen die Mauerwächter.

Varianten:

-Um ein spannendes Spiel zu gewährleisten, kann die Spielleitung ad hoc festlegen, dass entweder die Mauerwächter oder die Läufer in der nächsten Spielrunde in ihren Bewegungen eingeschränkt sind, z.B. indem sie sich nur auf eine bestimmte Art und

Weise bewegen dürfen, die Fänger nur mit einer bestimmten Hand fangen dürfen usw.

15. Wäscheklammern stibitzen

Hilfsmittel:
Wäscheklammern, Uhr
Spielablauf:
Die Spielleitung steckt an die Rückseite des Hemdes eines jeden Kindes eine oder mehrere Wäscheklammern. Danach verteilen sich die Kinder zunächst auf dem Spielfeld.
Nach dem Startkommando versucht jedes Kind, so viele Wäscheklammern wie möglich von den anderen zu stibitzen. Diejenigen Kinder, die ihre Wäscheklammer bereits eingebüßt haben, dürfen trotzdem weiterfangen.
Gegen die Wegnahme ihrer Wäscheklammern dürfen sich die Kinder lediglich mit Weglaufen und Körperdrehungen verteidigen. Die Wäscheklammern dürfen hingegen nicht festgehalten werden, und andere Kinder dürfen nicht festgehalten oder weggeschubst werden.
Das Spiel endet nach Ablauf einer bestimmten Zeit oder wenn die Spielleitung erkennt, dass alle Wäscheklammern stibitzt wurden. Es gewinnt das Kind mit den meisten Klammern.
Varianten:
-Wenn ein Kind seine Wäscheklammern während die Spielablaufs stibitzt bekommt, scheidet es aus und muss das Spielfeld umgehend verlassen. Das Spiel endet, wenn nur noch ein Kind übrig ist und das Spiel gewinnt.
-Teamduell: Jedes Kind bekommt eine oder mehrere Wäscheklammern an der Rückseite seines Hemdes befestigt. Die Spielleitung teilt die Kinder nun in mehrere Mannschaften ein, die anschließend ein Duell gegeneinander austragen. Nach dem Startkommando versuchen die Mitglieder jedes Teams, die Wäscheklammern der Mitglieder der Gegnerteams zu stibitzen. Ein Kind, das all seine Wäscheklammern verloren hat, scheidet aus. Das Spiel endet, wenn eine Mannschaft alle Gegner eliminiert hat.
-„Taschendiebe": Anstatt Wäscheklammern zu benutzen, kann den Kindern jeweils ein Chiffontuch über eine Schulter (oder auf beide Schultern) gelegt werden. In diesem Fall müssen sie zusätzlich aufpassen, dass es beim Laufen nicht herunterfällt. Alternativ kann das Tuch auch in den hinteren Bereich des Hosenbundes gesteckt werden.

16. Der Fuchs geht um

Hilfsmittel:
Keine
Spielablauf:
Die Spielleitung bestimmt ein Kind, das zunächst als Fuchs fungiert. Die anderen Kinder stellen sich mit dem Gesicht nach vorne im Kreis auf. Bei einer zu hohen

Anzahl an teilnehmenden Kindern bietet es sich an, zwei Kreise zu bilden und den Spielablauf zwei Mal parallel zueinander stattfinden zu lassen.

Nach dem Spielbeginn läuft der Fuchs um den Spielerkreis herum und tippt irgendwann einem beliebigen Kind auf den Rücken. Das ausgewählte Kind versucht nun, den Fuchs schnellstmöglich abzuschlagen, wobei es die gleiche Laufrichtung wie dieser einschlagen muss, d.h. er läuft ihm hinterher und nicht entgegen.

Der Fuchs rennt seinerseits davon und versucht, den Platz seines Verfolgers einzunehmen, ohne zuvor abgeschlagen zu werden. Gelingt ihm dies, so wird das Kind, das angetippt wurde, zum neuen Fuchs. Wird der Fuchs gefangen, ehe er sich auf den frei gewordenen Platz stellen kann, so behält er seine Rolle und muss sich ein neues Kind zum Antippen suchen.

Varianten:

-Die im Kreis stehenden Kind können zusätzlich die Augen geschlossen halten. Sie öffnen diese erst dann wieder, wenn jemand angetippt wurde.

-Das Antippen kann dadurch ersetzt werden, dass der Fuchs hinter einem der Kinder einen kleinen Gegenstand fallen lässt. Dabei sollte es sich um etwas handeln, das weich ist und nicht wegrollt, z.B. einen Schwamm oder auch eine Gummiente. Die im Kreis befindlichen Kinder dürfen ihre Köpfe drehen und nach hinten schauen, wenn sich der Fuchs nähert, müssen ihren Stand aber beibehalten. Nach der Spielrunde nimmt der jeweils nächste Fuchs das Objekt wieder auf.

-Der Versuch des Fuchses, den Platz des von ihm angetippten Kindes einzunehmen, kann dadurch ersetzt werden, dass er nach dem Antippen zu einem Ende des Spielfeldes, bzw. einem festgelegten Ort läuft. Das angetippte Kind muss versuchen, den Fuchs daran zu hindern, indem es ihn zuvor abschlägt. Gelingt dem Fuchs die Flucht, so ist sein Verfolger als nächstes mit dem Darstellen des Fuchses an der Reihe. Misslingt dem Fuchs die Flucht, so übernimmt sein Verfolger ebenfalls die Rolle des Fuchses, nur dass der bisherige Fuchs sich nun an dessen Platz im Kreis stellt. Die Kinder, denen die Flucht geglückt ist, haben gewonnen. Das letzte Kind darf beim nächsten Starten des Spieles dafür als erstes den Fuchs spielen.

17.Wölfe und Geißlein

Hilfsmittel:

Softstöcke

Spielablauf:

Die Spielleitung bestimmt vor Spielbeginn ein Kind oder (bei vielen Teilnehmern) zwei Kinder zu Schäfern und einige Kinder zu Wölfen. Die übrigen Kinder stellen die Geißlein dar. Die Schäfer erhalten jeweils einen Softstock und haben im Folgenden die Aufgabe, die Tiere auf der Weide zu beschützen. Die Weide besteht aus einem festgelegten Teil des Spielfeldes. Die Geißlein und die Schäfer stellen sich auf die Weide, wohingegen die Wölfe zu Beginn auf der anderen Spielfeldseite stehen.

Nach dem Startkommando versuchen die Wölfe, die Weide zu betreten und dort nacheinander alle Geißlein abzuschlagen. Sowohl die Geißlein als auch die Schäfer dürfen die Weide während des gesamten Spiels nicht verlassen. Ein Geißlein, das abgeschlagen wurde, verlässt unverzüglich das Spielfeld.

Gleichzeitig können die Schäfer die Wölfe ihrerseits mit ihren Softstöcken abschlagen, sobald sich diese auf der Weide aufhalten. Schläge und Stiche ins Gesicht sind dabei tabu. Die abgeschlagenen Wölfe scheiden ebenfalls aus und müssen das Spielfeld verlassen. Die Schäfer können nicht ausgeschaltet werden.

Das Spiel endet, wenn entweder alle Wölfe oder alle Geißlein eliminiert wurden. Die entsprechend andere Partei gewinnt das Spiel.

<u>Varianten:</u>

-Anstatt eines Softstocks können die Schäfer über Softbälle verfügen, die sie werfen müssen. Dies macht die Verteidigung schwerer. Alternativ können sie mit bloßen Händen fangen.

-Es kann festgelegt werden, dass sich die Kinder nur auf eine bestimmte Weise fortbewegen dürfen. Beispielsweise müssen die Geißlein auf allen Vieren gehen, die Schäfer dürfen nur auf beiden Beinen hüpfen, die Wölfe dürfen nur mit der rechten Hand fangen usw.

18.Drachenschwanzjagd

<u>Hilfsmittel:</u>

Keine

<u>Spielablauf:</u>

Die Kinder stellen sich in einer Reihe hintereinander auf, wobei jeder seinem Vordermann die Hände auf die Schultern legt und sich dort festhält.

Nach dem Spielbeginn versucht das vordere Kind in der Schlange das hintere abzuschlagen. Die anderen Kinder verhalten sich neutral, d.h. sie folgen dem Fänger hinterher, wobei sie mit den Händen stets Kontakt zu den Schultern ihres Vordermanns halten. Wenn es dem Drachenkopf gelungen ist, den Drachenschwanz zu fangen, dann geht das hintere Kind nach vorne und wird in der nächsten Spielrunde zum Fänger.

Die Schlangen sollten aus maximal zehn Kindern bestehen. Ggfs. können mehrere Gruppen von Kindern das Spiel gleichzeitig spielen.

<u>Varianten:</u>

-„Drachenkampf": Die Spielleitung teilt die Kinder in zwei gleich lange Schlangen ein, woraufhin die beiden jeweils vorderen Kinder gleichzeitig versuchen, die jeweils hinteren Kinder zu fangen. Die Kinder, die sich innerhalb der Schlangen in der Mitte befinden, müssen sich somit an die Bewegung sowohl von Drachenkopf als auch von Drachenschwanz anpassen. Im Erfolgsfall kann festgelegt werden, dass das gefangene Kind ausscheidet oder aber in die andere Schlange wechselt. In beiden Fällen endet das Spiel, wenn eine der Schlangen aus weniger als zwei Kindern besteht. Alternativ können im Erfolgsfall Punkte für die betreffende Schlange vergeben werden, woraufhin das Team mit den meisten Punkten abschließend gewinnt,

19. Kreisfangen

<u>Hilfsmittel:</u>
keine

<u>Spielablauf:</u>
Die Spielleitung bestimmt ein Kind, das als Fänger fungiert. Die anderen Kinder stellen sich mit dem Gesicht nach vorne im Kreis auf und fassen sich an der Händen. Bei einer zu hohen Anzahl an teilnehmenden Kindern bietet es sich an, zwei Kreise zu bilden und den Spielablauf zwei Mal parallel zueinander stattfinden zu lassen. Außerdem benennt die Spielleitung ein Kind innerhalb des Kreises, das vom Fänger als erstes gefangen werden muss.

Nach dem Startkommando versuchen alle Kinder, dem Fänger seinen Erfolg so schwer wie nur möglich zu machen. Dazu bewegen sie sich immer in diejenige Richtung im Kreis, in der auch der Fänger läuft, damit sich das ausgewählte Kind von ihm entfernen kann. Der Fänger muss seinerseits versuchen, die Kinder im Kreis durch schnelle Richtungswechsel auszumanövrieren.

Sobald das flüchtende Kind gefangen wurde, wird dieses zum neuen Fänger, und der Ablauf wiederholt sich.

<u>Varianten:</u>
-Es ist auch möglich, dass der jeweilige Fänger das zu fangende Kind selbst auswählt. In diesem Fall sollte als Vorgabe gemacht werden, dass jemand ausgewählt werden muss, der noch nicht an der Reihe war, um für Abwechslung zu sorgen.

-Die Spielleitung kann jede Spielrunde auch zeitlich begrenzen, z.B. auf eine Minute. Bei einem erfolgreichen Fangversuch gewinnt der Fänger, wohingegen nach Ablauf der Zeit die Kinder im Kreis gewinnen.

20. Schreifangen

<u>Hilfsmittel:</u>
keine

<u>Spielablauf:</u>
Die Spielleitung teilt die Kinder in zwei gleich große Mannschaften ein. Das Spielfeld sollte nicht allzu großflächig sein. Anfangs begeben sich die Kinder der ersten Mannschaft auf das Spielfeld. Die Kinder der zweiten Mannschaften sind zunächst mit dem Fangen an der Reihe und stellen sich vor dem Spielfeld mittig in einer Reihe auf.

Nach dem Startkommando holt der erste Spieler des fangenden Teams tief Luft und stößt einen lauten, möglichst lang andauernden Schrei aus. Gleichzeitig läuft er los und versucht, möglichst viele der gegnerischen Spieler abzuschlagen. Abgeschlagene Spieler gehen daraufhin in die Hocke. Die Fangrunde dauert an, solange der Schrei zu hören ist. Sobald der Schrei endet, dürfen auch keine weiteren flüchtenden Spieler mehr abgeschlagen werden. Die Spielleitung zählt nach jeder Fangrunde die Kinder, die gefangen werden konnten.

Danach ist der zweite Spieler des fangenden Teams an der Reihe. Die Kinder der ersten Mannschaft, die zuvor abgeschlagenen wurden, dürfen nun wieder mitspielen und davonlaufen.

Wenn jeder Spieler der fangenden Mannschaft mit dem Schreien und Fangen an der Reihe war, steht die Gesamtpunktzahl des Teams fest. Anschließend werden die Rollen getauscht, und die andere Mannschaft versucht, die gegnerische Punktzahl zu übertreffen.

Varianten:

-Das Spiel kann auch mit Ausscheiden gespielt werden. In diesem Fall endet eine Spielrunde, wenn alle Spieler der flüchtenden Mannschaft gefangen und damit eliminiert wurden. Es gewinnt die Mannschaft, die die wenigsten Fangversuche benötigt hat.

Abwurfspiele

21.Klassisches Abwerfen

Hilfsmittel:

Mehrere kleine Softbälle

Spielablauf:

Die Kinder bewegen sich frei im ganzen Raum umher. Die Spielleitung bestimmt eines oder mehrere Kinder, die als Fänger agieren und jeweils einen Softball erhalten.

Nach dem Spielbeginn versuchen die Fänger, die flüchtenden Kinder mit den Softbällen abzuwerfen. Wenn einer der Fänger Erfolg hat und ein Kind abwirft, dann wird dieses zum Fänger und darf den Softball aufnehmen, wohingegen der bisherige Fänger zum Flüchtenden wird. Wird ein Ball ins Leere geworfen, darf ausschließlich der Besitzer diesen wieder aufnehmen. Wenn eines der flüchtenden Kinder den nach ihm geworfenen Ball fängt, gilt es als nicht abgeworfen. In diesem Fall lässt es den Ball fallen, sodass der Fänger ihn danach wieder aufnehmen kann.

Die Anzahl der Fänger sollte so gewählt werden, dass die flüchtenden Kinder stets mit Davonlaufen beschäftigt sind, bzw. ihre Aufmerksamkeit gefordert ist. Ein Werfen in Richtung Kopf ist untersagt.

Varianten:

-Die Spielleitung kann festlegen, dass sich Fänger und/oder Flüchtende lediglich auf eine bestimmte Art und Weise bewegen dürfen, z.B. hüpfend, rückwärts laufend, nur auf eingezeichneten Linien laufen usw.

-Die Spielleitung kann festlegen, dass die Fänger lediglich eine bestimmte Anzahl an Schritten – z.B. drei – machen dürfen, ehe sie den Softball werfen müssen.

-Es kann festgelegt werden, dass die Fänger eine bestimmte Körperpartie treffen müssen, z.B. den Rücken, die Beine oder den Bauch. Alternativ dürfen die Fänger lediglich mit der linken Hand werfen.

22. Zombieball

Hilfsmittel:
Mehrere Softbälle (beliebige Größe), Uhr
Spielablauf:
Die Spielleitung legt auf dem Spielfeld einige Softbälle aus.

Nach dem Startkommando versuchen die Kinder, sich einen Ball zu schnappen und damit ein anderes Kind abzuwerfen. Wird ein Kind abgeworfen, so setzt es sich an den Spielfeldrand und merkt sich, wer es abgeworfen hat. Es wurde nun sozusagen in einen Zombie verwandelt. Sobald ein Kind auf diese Weise ausscheidet, dürfen an dessen Stelle alle Kinder, die zuvor von ihm abgeworfen wurden, aufstehen und wieder am Spiel teilnehmen. Sie wurden damit sozusagen in einen Menschen zurückverwandelt.

Kopftreffer sind untersagt und werden nicht gezählt. Wenn eines der flüchtenden Kinder den nach ihm geworfenen Ball fängt, gilt es als nicht abgeworfen. In diesem Fall kann es den Ball selbst verwenden und ihn nach anderen Kindern werfen.

Das Spiel endet nach einer zuvor festgelegten Zeit. Alle Kinder, die sich zu diesem Zeitpunkt auf dem Spielfeld befinden, sind Überlebende und haben gewonnen.
Varianten:
-Die Spielleitung kann festlegen, dass die Kinder nach der Aufnahme eines Balles lediglich drei Schritte machen dürfen, ehe sie werfen.
-Es kann festgelegt werden, dass in dem Fall, dass ein Kind einen nach ihm geworfenen Ball fängt, der Werfer ausscheidet.
-Wenn die Spielleitung laut das Kommando „Zombieparty!" ruft, dürfen alle Kinder wieder auf das Spielfeld zurück.

23. Völkerball

Hilfsmittel:
Zwei weiche Bälle
Spielablauf:
Das Spielfeld besteht aus zwei Spielhälften, die durch eine gut sichtbare Mittellinie voneinander getrennt sind, sowie einem Bereich, der die Spielfläche umgibt. In einer Turnhalle bietet sich z.B. das eingezeichnete Volleyball-Feld an. Die Spielleitung verteilt die Kinder in zwei Mannschaften, denen jeweils eine Spielhälfte zugewiesen wird. Diese dürfen sie im Spielverlauf nicht verlassen, sofern sie nicht abgeworfen wurden. Darüber hinaus bestimmt jede Mannschaft einen „Spion", der sich anfangs in demjenigen Bereich aufhält, der an die gegnerische Spielfeldhälfte grenzt. Jede der Mannschaften erhält einen Ball.

Das Spielziel besteht darin, alle Kinder des gegnerischen Teams zu eliminieren, d.h. abzuwerfen. Ein Kind gilt als abgeworfen, wenn ein von einem gegnerischen Spieler geworfener Ball es trifft und anschließend den Boden berührt. In diesem Fall begibt sich das Kind in den Bereich, der die gegnerische Spielfeldhälfte umgibt. Die Kinder, die sich in diesem Bereich aufhalten – Abgeworfene und der Spion – dürfen die gegnerischen Kinder von dort aus ebenfalls abwerfen. Wenn ein zuvor abgeworfenes Kind einen Treffer landet, dann darf es wieder auf das Spielfeld zurück.

Wenn alle Kinder einer Mannschaft abgeworfen wurden, dann muss umgehend der Spion auf das Spielfeld. Er hat drei „Leben", d.h. er muss drei Mal getroffen werden, um ebenfalls eliminiert zu werden. Darf einer seiner Mitspieler zurück auf das Spielfeld, dann zieht er sich wieder in den Bereich neben der Spielfeldhälfte des Gegnerteams zurück. Ist auch der Spion eliminiert, so hat das gegnerische Team gewonnen.

Varianten:

-Klassisch wird Völkerball mit nur einem Ball gespielt. In diesem Fall ist das Spiel gemächlicher und dauert länger.

24. Dodgeball

Hilfsmittel:

Mehrere Softbälle

Spielablauf:

Der Spielablauf ist ähnlich demjenigen des Völkerballs. Die Spielleitung bestimmt zwei Mannschaften, die nicht zu groß sein sollten (idealerweise 6 – 8 Kinder). Zum Einsatz kommen mehrere Bälle, z.B. 3 - 5. Die Rolle eines Spions existiert hier nicht, sodass alle Kinder in ihrer Spielfeldhälfte beginnen.

Wird ein Kind abgeworfen, so begibt es sich neben das Spielfeld. Abgeworfene Kinder dürfen ihrerseits keine Kinder des gegnerischen Teams abwerfen, sondern lediglich nach außen geratene Bälle an ihre Mannschaftkollegen zurückgeben. Wenn ein Ball nach außerhalb des Spielfeldes gerät und sich kein ausgeschiedenes Kind dort befindet, um ihn ins Spiel zurückzubringen, dann dürfen die Spieler ihr Feld ausnahmsweise kurzzeitig verlassen, um den Ball zu holen. Alternativ kann bestimmt werden, dass dies durch die Spielleitung geschieht.

Wenn ein Kind einen nach ihm geworfenen Ball fängt, so wird der Werfer eliminiert, und ein zuvor abgeworfenes Kind aus der Mannschaft des Fängers darf auf das Spielfeld zurück. Dies ist die einzige Möglichkeit für eliminierte Kinder, auf das Spielfeld zurückzukehren. Zurückkehren darf in diesem Fall das Kind, das am längsten draußen war, oder aber das Kind, das am schnellsten reagiert und das Spielfeld wieder betritt.

Wenn alle Kinder einer Mannschaft ausgeschieden sind, dann hat das gegnerische Team gewonnen.

Varianten:

-Die Spielleitung kann bestimmen, dass jedes Abwerfen eines gegnerischen Kindes dazu führt, dass ein zuvor abgeworfenes Kind der eigenen Mannschaft ins Spiel zurückkehrt. In diesem Fall dauert das Spiel länger, und das Spielglück kann sich häufiger wenden.

-Die Spielleitung kann bestimmen, dass abgeworfene Kinder keineswegs mehr auf das Spielfeld zurückkehren können. Diese haben somit lediglich noch die Funktion, ihren auf dem Feld verbliebenen Spielgefährten nach außen geratene Bälle zukommen zu lassen. In diesem Fall sind die Spielrunden kürzer und kompakter.

25. Werwolfjagd
<u>Hilfsmittel:</u>
Einige kleine Softbälle
<u>Spielablauf:</u>
Es empfiehlt sich, das Spiel wg. der Übersichtlichkeit mit einer begrenzten Anzahl an Kindern zu spielen (z.B. 10 – 12). Die Spielleitung teilt die Kinder vor Beginn in zwei etwa gleich große Mannschaften ein, von denen die eine die Werwölfe und die andere die Jäger darstellt. Evtl. kann die Zahl der Jäger diejenige der Werwölfe überschreiten. Jeder der Jäger erhält einen kleinen Softball. Die Jäger stellen sich anfangs an einem Spielfeldende auf. Die Werwölfe stehen an dem anderen Spielfeldende.
Nach dem Startkommando dürfen sich alle Kinder frei auf dem Spielfeld bewegen. Die Jäger versuchen nun, die Werwölfe mit ihren Bällen (Silberkugeln) abzuwerfen. Ein Werwolf, der getroffen wurde, verlässt augenblicklich das Spielfeld. Weiterhin können sich die Jäger Bälle untereinander zuwerfen, z.B. wenn ein Jäger gerade einen zweiten Ball aufgenommen hat. Geht ein geworfener Ball ins Leere, so kann jeder Jäger diesen aufnehmen.
Die Werwölfe haben wiederum zum Ziel, die Jäger abzuschlagen. In diesem Fall muss der Jäger das Spielfeld verlassen, wobei er die Bälle, die er möglicherweise im Besitz hat, fallen lässt. Die Werwölfe dürfen die Bälle zu keinem Zeitpunkt berühren, ohne auszuscheiden.
Das Spiel endet, wenn ein Team keinen Spieler mehr hat.
<u>Varianten:</u>
-„Werwolfangriff": Die Kinder mit den Softbällen halten sich die ganze Zeit über in einem begrenzten Bereich auf, bzw. in einer der Spielfeldhälften – ihrer Basis. Bälle, die aus diesem hinausgeworfen werden, können folglich nicht wieder aufgenommen werden. Die Werwölfe versuchen im Folgenden, in die Basis einzudringen und ihre Gegner dort abzuschlagen. Das Spielziel bleibt identisch.

26. Kegeln
<u>Hilfsmittel:</u>
Ein kleiner Softball, 1 - 2 Matten
<u>Spielablauf:</u>
Die Spielleitung teilt die Kinder in zwei Mannschaften ein. Die Mitglieder der ersten Mannschaft stellen zunächst die „Kegel" dar. Sie begeben sich auf die Matten und nehmen dort eine beliebige statische Position ein (stehend, sitzend oder liegend). Die Kinder können sich nebeneinander oder hintereinander befinden; allerdings dürfen sie sich nicht berühren. Die gewählte Position darf während des folgenden Spielablaufs nicht mehr verändern werden. Die zweite Mannschaft stellt sich hinter eine festgelegte Markierung, die Wurflinie.

Nach dem Spielbeginn erhält der erste Spieler des zweiten Teams den Softball und versucht, einen der Kegel zu treffen. Dabei darf der Ball zuvor nicht den Boden, die Wand oder ein anderes Kind berühren, sondern es muss sich um einen direkten Treffer handeln. Im Erfolgsfall verlässt das abgeworfene Kind die Matte. Anschließend ist das nächste Kind des Werferteams an der Reihe. Die Spielrunde endet, wenn alle Kegel umgeworfen wurden, d.h. alle Kinder auf der Matte eliminiert wurden.

Danach werden die Rollen getauscht. Es gewinnt die Mannschaft, die zum Erreichen des Spielziels die wenigsten Würfe gebraucht hat.

Varianten:

-Man kann die Dauer des Spiels begrenzen, indem man eine bestimmte Anzahl an Würfen pro Mannschaft festlegt. Beispielsweise darf jedes Kind ein oder zwei Mal werfen. Die Mannschaft mit den meisten Treffern gewinnt das Spiel, unabhängig davon, ob einige Kegel noch nicht getroffen wurden.

-Es kann festgelegt werden, dass sich die Kinder auf der Matte bewegen, d.h. den geworfenen Bällen ausweichen dürfen. Dadurch wird das Treffen schwieriger, sodass die Wurflinie evtl. näher bei den Matten liegen sollte. Die Spielleitung kann bestimmen, ob das Fangen des Balles als Treffer oder Fehlwurf zählt.

27. Abwurf-Duell

Hilfsmittel:

Mehrere kleine Softbälle

Spielablauf:

Die Spielleitung bestimmt zwei Mannschaften, die aufgrund der Übersichtlichkeit nicht zu groß sein sollten (z.B. jeweils 3 – 5 Kinder). Die Mitglieder der beiden Mannschaften erhalten jeweils einen Ball und stellen sich zu Beginn auf gegenüberliegenden Seiten des Spielfeldes auf.

Auf das Startkommando hin versuchen die Kinder jeweils, die Mitglieder der gegnerischen Mannschaft abzuwerfen. Dabei dürfen die Spieler sich auf dem gesamten Spielfeld bewegen und freie Bälle nach Belieben aufnehmen. Wenn ein Spieler getroffen wurde, dann scheidet er aus und muss das Spielfeld unverzüglich verlassen. Sollte er noch im Besitz eines Balles sein, so muss er diesen fallen lassen.

Es zählen lediglich direkte Treffer, d.h. der geworfene Ball darf zuvor nicht den Boden oder eine Wand berührt haben. Wenn ein Spieler einen Ball fängt, dann gilt er ebenfalls nicht als getroffen, sondern darf mit dem Ball im Besitz an dem Spiel weiter teilnehmen.

Das Spiel endet, wenn alle Spieler einer Mannschaft eliminiert wurden.

Varianten:

-Neben den Bällen, die die Spieler eingangs im Besitz haben, können zusätzliche Bälle in der Mitte des Spielfeldes abgelegt werden. Diese Bälle können von jedermann aufgenommen und verwendet werden. Damit wird die Dynamik des Spiels weiter erhöht.

-Die Bälle können zwei unterschiedliche Farben aufweisen und den beiden Mannschaften dementsprechend zugewiesen werden. Die Spieler dürfen im Folgenden lediglich ihre eigenen Bälle aufnehmen und verwenden. Auf diese Weise dauert das Spiel länger und wird noch laufintensiver.

-Anstatt zwei können an dem Wettstreit auch drei Mannschaften gleichzeitig teilnehmen. Z.B. könnte jede Mannschaft in diesem Fall aus 3 – 4 Kindern bestehen. Die drei Mannschaften stellen sich zu Beginn an verschiedenen Seiten des Spielfeldes auf. Jeder Spieler bekommt einen Ball. Anschließend versucht jedes Team, alle Spieler der beiden übrigen Mannschaften abzuwerfen.

-Einzelduell: Bei wenigen anwesenden Kindern können zwei Mannschaften gebildet werden, von denen immer nur ein Spieler gegen einen Spieler der gegnerischen Mannschaft antritt. Damit alle Kinder an dem Geschehen beteiligt werden, werden zwei Matten in einigem Abstand voneinander ausgelegt, auf die sich die sich duellierenden Kinder begeben, während sich die anderen Kinder frei im Raum verteilen. Jeder der Spieler auf der Matte erhält einen Ball. Nach dem Startkommando versuchen die beiden Spieler, sich gegenseitig abzuwerfen, wobei sie die Matten nicht verlassen dürfen. Jeder hat drei Leben (Lebenspunkte), von denen er bei einem Abwurf eine verliert. Die anderen Kinder haben die Aufgabe, die Bälle, die sich nach einem Fehlwurf im Raum befinden, aufzunehmen und schnellstmöglich ihrem auf der Matte befindlichen Teamkollegen auszuhändigen, um dessen Siegchancen zu erhöhen. Wenn ein Spieler keine Leben mehr hat, dann erhält das Team des Siegers einen Punkt. Danach wird das nächste Duell durchgeführt. Die Summe der Spielergebnisse ergibt letztlich das Gesamtresultat.

28.Ballhagel
Hilfsmittel:
Zahlreiche kleine Softbälle, eine Matte
Spielablauf:
Die Matte wird vor eine Wand gelegt. Einige Meter entfernt davon befindet sich eine Markierung, die als Wurflinie dient. Ein oder zwei Kinder stehen auf der Matte und stellen die Verteidiger dar. Die anderen Kinder nehmen die Bälle an sich und halten sich hinter der Wurflinie auf.

Nach dem Startkommando versuchen die Werfer, die auf der Matte befindlichen Kinder abzuwerfen. Diese versuchen daraufhin, sich mit den Armen zu schützen, die Bälle mit den Händen abzuwehren oder den Würfen durch Körperbewegungen auszuweichen. Zuvor geworfene Bälle dürfen durch die Werfer sogleich wieder aufgenommen und erneut geworfen werden. Allerdings müssen sie sich dabei stets hinter der Wurflinie befinden.

Die Spielleitung beendet die Spielrunde nach einer gewissen Zeitspanne. Danach sind die nächsten Kinder an der Reihe.
Varianten:
-Die Matte wird in die Mitte des Spielfeldes gelegt. Die Werfer gruppieren sich in einigem Abstand um die Matte herum. Die Bälle werden folglich aus allen Richtungen auf die Verteidiger geworfen.

29. Pflanzen gegen Zombies

Hilfsmittel:

Mehrere kleine Softbälle

Spielablauf:

Die Spielleitung teilt einige Kinder als Pflanzen und die Mehrheit der Kinder als Zombies ein. Der Anteil der Pflanzen sollte etwa ein Drittel der Gesamtzahl der Kinder betragen, damit ein spannendes Spiel zustande kommt. Die Zombies begeben sich vor Spielbeginn an ein Ende des Spielfeldes. Die Pflanzen verteilen sich in der anderen Spielfeldhälfte und erhalten jeweils einen Softball. Sie sind an Ort und Stelle festgewachsen und dürfen sich nicht fortbewegen. Ihr Ziel besteht im Folgenden darin, ihr Haus gegen den Ansturm der Zombiehorde zu verteidigen.

Nach dem Startkommando versuchen die Zombies, das andere Spielfeldende zu erreichen. Beim Laufen müssen sie die ganze Zeit über beide Arme nach vorne ausgestreckt halten. Die Pflanzen versuchen hingegen, die Zombies am Überqueren des Spielfeldes zu hindern, indem sie diese mit den Bällen abwerfen. In jeder Spielrunde darf jede Pflanze nur ein einziges Mal werfen.

Wenn ein Zombie abgeworfen wurde, dann bleibt er an der betreffenden Stelle stehen. In der nächsten Spielrunde wird er dann ebenfalls zur Pflanze und erhält einen Ball. Die Zombies, die ihr Ziel erreicht haben, kehren nach der Spielrunde zur Startlinie zurück.

Diejenigen Zombies, denen es gelingt, das Spielfeld drei Mal unbeschadet zu durchqueren, gewinnen das Spiel.

Varianten:

-Die Spielleitung teilt die Kinder in zwei gleich große Mannschaften ein. Die erste Mannschaft übernimmt den Part der Pflanzen, sodass sich jeder deren Mitglieder einen Platz in der eigenen Spielfeldhälfte aussucht und einen Ball erhält. Die zweite Mannschaft stellt die Zombies dar. Der Spielablauf ist identisch wie oben. Allerdings wird ein Zombie, der getroffen wurde, nicht zu einer Pflanze, sondern scheidet aus und muss in der nächsten Spielrunde zuschauen. Das Zombie-Team gewinnt, wenn nach drei Spielrunden wenigstens einer von ihnen das Ziel erreicht hat. Wenn hingegen alle Zombies eliminiert wurden, dann gewinnen die Pflanzen.

-Teamduell: Die Spielleitung teilt die Kinder in zwei gleich große Mannschaften ein. Die erste Mannschaft übernimmt zunächst den Part der Pflanzen, sodass sich jeder deren Mitglieder einen Platz in der eigenen Spielfeldhälfte aussucht und einen Ball erhält. Die zweite Mannschaft stellt zunächst die Zombies dar. Nach dem Startkommando versucht die zweite Mannschaft, so viele Zombies wie möglich ins Ziel zu bringen. Jeder erfolgreiche Spieler ergibt einen Punkt. Danach werden die Rollen getauscht. Es gewinnt das Team mit den meisten Punkten. Optional kann sich das Spiel auch über mehrere Spielrunden erstrecken.

30. Takeshi's Castle

Hilfsmittel:

Viele kleine Softbälle, Turngeräte (z.B. Bänke, Kasten, Kastenoberteile, Matten), Uhr

Spielablauf:

Das Spielfeld wird von zwei Seitenlinien begrenzt, die nicht allzu weit auseinander liegen sollten. Jenseits der Seitenlinien muss noch Platz zum Stehen vorhanden sein. In der Mitte des Spielfeldes wird in einer Reihe ein Parcours aus Turngeräten aufgebaut.

Die Spielleitung teilt die Kinder in zwei Mannschaften ein. Die eine Mannschaft wird zunächst zum Laufen und die andere zum Werfen eingeteilt. Die Mitglieder der werfenden Mannschaft erhalten die Bälle und verteilen sich hinter den beiden Seitenlinien. Die Mitglieder der laufenden Mannschaft stellen sich an der Startlinie auf.

Nach dem Startkommando versuchen die Spieler der laufenden Mannschaft, das Spielfeld zu überqueren und auf die andere Spielfeldseite zu gelangen. Dabei müssen sie den aufgebauten Parcours in einer vorgegebenen Weise passieren.

Die Spieler der werfenden Mannschaft versuchen derweil, die gegnerischen Spieler abzuwerfen. Wenn ein Spieler abgeworfen wird, dann muss er sich unverzüglich zurück zur Startlinie begeben und seinen Lauf von dort aus neu beginnen. Wenn es einem Spieler des laufenden Teams hingegen gelingt, die andere Spielfeldseite zu erreichen, dann erhält sein Team einen Punkt. Er kann sich danach zurück zur Startlinie begeben und einen weiteren Versuch beginnen. Die Spieler des werfenden Teams dürfen sich jederzeit Bälle von jedem Punkt des Spielfeldes holen. Sie dürfen die Spieler des laufenden Teams jedoch nicht behindern und ihre Würfe ausschließlich von jenseits der Seitenlinie abgeben.

Nach einer zuvor festgelegten Zeit werden die Rollen getauscht. Es gewinnt die Mannschaft mit den meisten Punkten.

Varianten:

-Wenn keine Seitenlinien vorhanden sind, dann können alternativ auf beiden Seiten des Parcours einige Matten ausgelegt werden. Die Spieler des werfenden Teams dürfen nur dann Bälle werfen, wenn sie auf einer der Matten stehen.

-„Burgmauern": Alternativ können einige Hindernisse – z.B. Kasten – aufgebaut werden, die nicht in einer bestimmten Form passiert werden müssen, sondern den Spielern des laufenden Teams bei Bedarf als Schutz dienen.

31.Hasenkönig

Hilfsmittel:

2 - 3 kleine Softbälle, Uhr

Die Spielleitung bestimmt 2 - 3 Kinder zu Jägern. Diese stellen sich anfangs an ein Ende des Spielfeldes und verschließen die Augen. Außerdem erhalten sie jeweils einen kleinen Ball. Die anderen Kinder sind die Hasen. Die Spielleitung bestimmt wiederum zwei oder drei der Hasen zu Hasenkönigen, wobei darauf geachtet wird, dass die Jäger nicht wissen, um welche Kinder es sich dabei handelt.

Nach dem Startkommando versuchen die Jäger, die Hasen abzuwerfen, wobei sich beide Parteien frei auf dem Spielfeld bewegen dürfen. Wenn ein Hase abgeworfen wurde, dann setzt er sich auf den Boden. Die Hasenkönige können die anderen Hasen jederzeit durch eine Berührung mit der Hand, d.h. Antippen, befreien, woraufhin diese wieder an dem Spiel teilnehmen dürfen. Wenn jedoch einer der Hasenkönige abgeworfen wurde, dann ist er dauerhaft ausgeschieden, d.h. er setzt sich ebenfalls auf den Boden und kann nicht wieder befreit werden.

Die Jäger gewinnen, wenn innerhalb einer gewissen Zeitspanne – z.B. zwei oder drei Minuten – alle Hasen gefangen wurden. Andernfalls gewinnen die Hasen.

Varianten:

-Die Kinder werden in mehrere kleine Teams eingeteilt. Eine der Mannschaften stellt zunächst die Jäger dar. Die Spielrunde geht solange, bis alle Hasen und Hasenkönige gefangen wurden, wobei die benötigte Zeit gestoppt wird. Anschließend ist das nächste Team an der Reihe. Es gewinnt das Team, das am schnellsten alle Hasen eliminiert hat.

32.Kaiser, wer wirft?

Hilfsmittel:

Ein weicher Ball

Spielablauf:

Der Ball wird in der Mitte des Spielfeldes platziert. Die Kinder stellen sich in einen vorgegebenen Bereich um den Ball herum. In einer Turnhalle kann dies der Mittelkreis sein. Die Spielleitung übernimmt die Rolle des Kaisers und stellt sich den Kindern gegenüber.

Die Spieler wenden sich vor jeder Spielrunde dem Kaiser zu und fragen laut „Kaiser, wer wirft?"

Daraufhin nennt der Kaiser den Namen eines der Kinder. Das besagte Kind muss den Ball daraufhin schnellstmöglich aufnehmen und eines der anderen Kinder abwerfen. Dabei darf es den Mittelkreis nicht verlassen. Die anderen Kinder, deren Name nicht genannt wurde, laufen gleichzeitig davon, um nicht getroffen zu werden. Ein Kind, das vom Ballwerfer getroffen wurde, scheidet aus. Wenn das Kind, das mit dem Ball werfen soll, hingegen keines der flüchtenden Kinder trifft, scheidet stattdessen es aus.

Es gewinnt das Kind, der zuletzt übrig ist.

Varianten:

-Es können statt einem Ball zwei Bälle in die Mitte gelegt werden. Entsprechend nennt der Kaiser gleich zwei Spieler beim Namen, die daraufhin als Ballwerfer agieren. Die genannten Spieler dürfen sich nicht gegenseitig abwerfen. Wenn zum

Schluss nur noch zwei Kinder übrig sein sollten, können diese mit einem Ball in der Mitte den Sieger unter sich ausmachen. Alternativ gibt es zwei Gewinner.

33.Drachenjäger
<u>Hilfsmittel:</u>
Ein weicher Ball
<u>Spielablauf:</u>
Die Spielleitung teilt die Kinder in zwei gleich große Mannschaften ein. Die erste Mannschaft übernimmt die Rolle der Drachenjäger. Die Drachenjäger stellen sich anfangs im Kreis auf dem Spielfeld auf. Einer von ihnen erhält den Ball. Die zweite Mannschaft übernimmt die Rolle des Drachen. Die Mitglieder dieses Teams stellen sich anfangs in der Mitte des Spielfeldes in einer Reihe hintereinander auf, wobei jedes Kind sich an den Hüften des vor ihm stehenden Kindes festhält.
Nach dem Startkommando versuchen die Drachenjäger, den Drachen an seiner Schwachstelle abzuwerfen, wobei es sich ausschließlich um das hinterste Kind in der Reihe handelt. Die Drachenjäger dürfen dabei nach Belieben laufen, den Ball zu ihren Mitspielern passen und ihn bei Bedarf vom Boden aufnehmen. Wenn das hintere Teil des Drachen getroffen wurde, dann scheidet das entsprechende Kind aus und muss das Spielfeld verlassen. Das Spiel wird nun pausiert und alle nehmen wieder die Startaufstellung ein. Danach wird das Spiel fortgesetzt, wobei nun ein neues Kind den hinteren Teil des Drachen darstellt.
Der Drache versucht gleichzeitig, die Drachenjäger abzuschlagen, wobei ausschließlich das vordere Kind dazu in der Lage ist. Wenn der Drache einen der Drachenjäger abschlägt, dann wird das Spiel ebenfalls unterbrochen, und der Getroffene scheidet aus. Die Spieler, die den Drachen darstellen, dürfen den Ball in keiner Weise blockieren. Außerdem müssen sie die ganze Zeit über ihre Verbindung halten.
Das Spiel geht solange, bis entweder die Drachenjäger oder der Drache vollständig eliminiert wurden.
<u>Varianten:</u>
-Das Spiel kann ohne jede Unterbrechung durchgeführt werden. In diesem Fall müssen die ausgeschiedenen Spieler das Spielfeld schnellstmöglich verlassen, damit es nicht zu unübersichtlich wird.
-Die Drachenjäger können zwei Bälle erhalten. Auf diese Weise wird das Spiel für den Drachen schwieriger. Als Ausgleich kann das Spielfeld verkleinert werden oder aber es stellen mehr Spieler den Drachen dar.

Laufspiele

34.Brennball
<u>Hilfsmittel:</u>
Vier Matten, ein Reifen oder ein Gefäß (z.B. umgedrehtes Kastenoberteil), ein Ball (z.B. Volleyball oder Tennisball)

Die Matten werden in den vier Ecken des Spielfeldes abgelegt. In der Nähe der Matte, die als Startmarkierung dient, werden der Reifen oder das umgedrehte Kastenoberteil als „Brennmal" abgelegt. Die Spielleitung teilt die Kinder in zwei gleich große Mannschaften ein. Die Mitglieder einer Mannschaft verteilen sich auf dem Spielfeld und stellen in der ersten Spielrunde die Fänger dar. Die Mitglieder der anderen Mannschaft stellen sich in einer Reihe am Start auf. Sie stellen zunächst die Läufer dar.

Nach dem Spielbeginn wirft das erste Kind, das dem Läuferteam angehört, den Ball auf das Spielfeld und beginnt in einer vorgegebenen Richtung um das Spielfeld herum zu laufen. Daraufhin versuchen die Mitglieder des Fängerteams, den Ball so schnell wie möglich in das Brennmal zu befördern und dort abzulegen. In dem Moment, in dem der Ball dort abgelegt wird, muss sich der Läufer auf einer der Matten befinden. Ist dies nicht der Fall, so ist er „verbrannt" und muss sich zurück zum Start an das Ende seiner Mannschaft begeben. Wenn er sich hingegen auf einer der Matten befindet, dann ist er vor Schaden sicher.

Anschließend ist der nächste Läufer an der Reihe. Nachdem er den Ball geworfen hat, dürfen sowohl er als auch alle Teamkollegen, die sich bereits auf dem Spielfeld auf einer Matte befinden, loslaufen. Wenn eines der Kinder auf diese Weise diejenige Matte, die sowohl als Start- wie als Zielmarkierung dient, erreicht, erhält das Läuferteam einen Punkt. Eine Ausnahme besteht darin, dass es einem Läufer gelingt, nach seinem Wurf alle vier Matten auf einmal zu passieren, ehe die Fänger den Ball zum Brennmal bringen (sog. Home Run). In diesem Fall erhalten die Läufer gleich zwei Punkte.

Nach einer vorgegebenen Zeit (z.B. 5 Minuten) ist das nächste Team an der Reihe. Es gewinnt das Team mit den meisten Punkten.

Varianten:
-An den Längsseiten des Spielfeldes werden zwei zusätzliche Matten ausgelegt.
-Auf einer der Matten dürfen sich maximal zwei oder drei Kinder gleichzeitig aufhalten. Das nächste Kind, das hinzukommt, wird nach dem Ablegen des Balles im Brennmal verbrannt.

35.Fahnenraub (Capture the flag)
Hilfsmittel:
Zwei Tücher o.ä.
Spielablauf:
Die Spielleitung teilt die Kinder in zwei Mannschaften ein, die aufgrund der Übersichtlichkeit nicht zu groß sein sollten (z.B. 6 – 8 Kinder). Schulklassen können somit in drei oder vier Teams aufgeteilt werden, die abwechselnd gegeneinander antreten. Innerhalb der Mannschaften werden die Kinder in Verteidiger und Eroberer eingeteilt. Jede Mannschaft hält sich zu Beginn in ihrer Spielfeldhälfte auf. Hinter den Spielfeldhälften wird jeweils ein Tuch platziert, das die Flagge des entsprechenden Teams repräsentiert. Dieser Bereich wird als „Basis" bezeichnet.

Nach dem Startkommando haben die Mannschaften die Aufgabe, die gegnerische Flagge zu erobern und in die eigene Spielfeldhälfte zu befördern. Dazu versuchen die Spieler, die als Eroberer eingeteilt sind, als erstes, die gegnerische Spielfeldhälfte zu durchqueren und in die gegnerische Basis zu gelangen. Dort dürfen sie von den gegnerischen Verteidigern nicht abgeschlagen werden. Anschließend nimmt der betreffende Spieler die gegnerische Flagge an sich und versucht, mit dieser zurück in die eigene Spielfeldhälfte zu laufen.

Die Verteidiger versuchen unterdessen, die Eroberer des jeweils gegnerischen Teams abzuschlagen. Dabei dürfen sie sich ausschließlich in der eigenen Spielfeldhälfte aufhalten, d.h. sie dürfen weder die andere Spielfeldhälfte noch die eigene Basis betreten.

Eroberer, die auf dem Weg in die gegnerische Basis abgeschlagen werden, müssen sich unverzüglich in ihre eigene Spielfeldhälfte zurückbegeben. Von dort aus können sie sodann einen neuen Eroberungsversuch beginnen. Eroberer, die bereits die gegnerische Flagge erbeutet haben und auf dem Rückweg abgeschlagen werden, müssen die erbeutete Flagge zunächst an ihren rechtmäßigen Platz zurückbringen und danach ohne Flagge in ihre eigene Spielfeldhälfte zurückkehren.

Die Spielrunde endet, wenn es einem Eroberer gelingt, die gegnerische Flagge in die eigene Spielfeldhälfte zu bringen. Das Spiel kann insgesamt solange gehen, bis eine Mannschaft eine bestimmte Zahl an Siegen (z.B. drei) erreicht hat.

Varianten:

-Wird das Spiel im Freien gespielt, so können Spielfeld und Regeln pragmatisch angepasst werden. Die jeweilige Basis, in der gegnerische Spieler nicht gefangen werden dürfen, kann beispielsweise mit ausgelegten Steinen markiert werden, und abgeschlagene Spieler müssen anstatt in die eigene Spielfeldhälfte bis an eine bestimme Stelle, z.B. einen Baum, laufen, ehe sie einen neuen Eroberungsversuch starten.

-Auf dem Spielfeld kann zusätzlich ein Gefängnisbereich installiert werden. Dieser kann sich z.B. neben oder hinter den Spielfeldhälften befinden. Abgeschlagene Kinder müssen in diesem Fall zunächst das Gefängnis aufsuchen und sich dort durch ihre Teamkollegen durch Abklatschen befreien lassen. Alternativ müssen sie dort laut auf 10 zählen. Danach können sie in ihre eigene Spielfeldhälfte zurückkehren, ohne dass sie erneut gefangen werden dürfen. Diese Variante eignet sich insbesondere, wenn man viele Kinder zugleich am Spiel teilnehmen lassen möchte.

36.Piraten und Edelleute

Hilfsmittel:

Mehrere kleine Bälle (oder kleine Säckchen), Uhr

Spielablauf:

Die Spielleitung teilt die Kinder in zwei gleich große Mannschaften ein. Die Mitglieder der ersten Mannschaft übernehmen zunächst die Rolle der Edelleute und begeben sich in eine Hälfte des Spielfeldes. Hinter dieser Spielfeldhälfte werden an verschiedenen Stellen die Bälle oder Säckchen ausgelegt. Diese stellen die Schätze dar, die es zu bewachen gilt. Die Spieler der zweiten Mannschaft begeben sich zunächst in die andere Spielfeldhälfte. Sie übernehmen in der ersten Spielrunde die Rolle der Piraten.

Nach dem Startkommando versuchen die Piraten, die gegnerische Spielfeldseite zu durchqueren und in den dahinterliegenden Bereich zu gelangen. Die Edelleute versuchen daraufhin, die Piraten daran zu hindern, indem sie diese abschlagen. Sobald einer der Piraten gefangen wurde, muss er augenblicklich zurück in die eigene Spielfeldseite laufen und darf danach von dort aus einen neuen Versuch beginnen. Sollte es hingegen einem der Piraten gelingen, den Bereich mit den Schätzen zu erreichen, darf er sich einen derselben nehmen und ihn zu einer zuvor vereinbarten Stelle in der eigenen Spielfeldseite zurücktragen. Auf dem Rückweg darf er von den Edelleuten nicht mehr abgeschlagen werden. Die Schätze müssen getragen und dürfen nicht geworfen werden.

Die Spielrunde endet, wenn die Piraten alle Schätze erbeutet haben. Danach werden die Rollen getauscht. Es gewinnt das Team, das für die Aufgabe die geringste Zeit benötigt hat.

Varianten:

-Bei einer sehr großen Zahl an Schätzen kann eine Spielrunde auch auf eine bestimmte Zeit begrenzt werden, z.B. zwei oder drei Minuten. Es gewinnt abschließend das Team, das in dieser Zeitspanne die meisten Schätze erbeutet hat.

-Es kann festgelegt werden, dass die Piraten aus dem Spiel ausscheiden, wenn sie abgeschlagen wurden. Das Spiel geht solange, bis entweder alle Piraten eliminiert wurden oder aber alle Schätze gestohlen wurden. Da die Aufgabe für die Piraten auf diese Weise schwieriger wird, sollten sie zahlenmäßig stark genug sein.

37.Ritterburgen

Hilfsmittel:

Mehrere kleine Bälle (oder kleine Säckchen), zwei Kastenoberteile (oder andere Behältnisse), zwei Matten, Uhr

Spielablauf:

Die Spielleitung teilt die Kinder in zwei gleich große Mannschaften ein. Anfangs begibt sich jede der Mannschaften in eine der Spielfeldhälften, die die Ritterburgen darstellen. Die Bereiche hinter den Spielfeldhälften stellen die Schatzkammern dar. Dort wird jeweils ein umgedrehtes Kastenoberteil platziert, in welches eine bestimmte Anzahl an Bällen oder Säckchen gelegt wird. Diese stellen die Burgschätze dar. Innerhalb der beiden Spielfeldhälften wird außerdem jeweils eine Matte ausgelegt, die als Burgverlies dient.

Nach dem Startkommando versuchen die Ritter, die Burg der jeweils anderen Mannschaft zu durchqueren und in die Schatzkammer zu erreichen. Wenn einem der Spieler dies gelingt, dann darf er genau einen Schatz an sich nehmen und diesen in die eigene Schatzkammer bringen. Auf dem Weg zurück darf er nicht mehr abgeschlagen werden.

Die Ritter, die sich gerade in der eigenen Burg befinden, sind die Burgverteidiger. Sie versuchen, die gegnerischen Raubritter, die in ihre Burg eindringen, abzuschlagen. Wenn ihnen dies gelingt, dann muss der Gefangene ins Burgverlies.

Raubritter, die sich in der gegnerischen Burg befinden, können ihre im Burgverlies gefangenen Kameraden durch Abklatschen wieder befreien. Dies ist allerdings nicht möglich, wenn sie sich mit einem geraubten Schatz in der Hand auf dem Rückweg befinden.

Das Spiel endet nach einer zuvor festgelegten Zeitspanne. Es gewinnt das Team mit den meisten Schätzen. Alternativ endet das Spiel, wenn alle Ritter eines Teams im Burgverlies sind.

Varianten:

-„Burgdrache": Es kann festgelegt, dass es keine Burgverteidiger und kein Gefängnis gibt. Stattdessen verfügt jedes Team über 1 - 2 Burgdrachen, die die eigene Spielfeldhälfte bewachen. Wenn diese Kinder einen gegnerischen Raubritter abschlagen, dann ist dieser dauerhaft aus dem Spiel ausgeschieden.

38.Reise nach Jerusalem

Hilfsmittel:

Mehrere Stühle, Bälle oder Matten, evtl. Uhr

Spielablauf:

In der Mitte des Spielfeldes wird ein Stuhlkreis gebildet, wobei sich die Stuhlrücken in der Kreismitte befinden und die Sitzflächen nach außen schauen. Die Zahl der Stühle ist genau um eins geringer als die Zahl der Kinder, die an dem Spiel teilnehmen.

Nach dem Startkommando beginnen die Kinder, in einem möglichst großen Kreis zu joggen, während die Spielleitung ein Musikstück laufen lässt. Irgendwann stoppt die Spielleitung die Musik, was entweder zu einem willkürlichen Zeitpunkt erfolgt oder nach einer bestimmten Zeitspanne. Nun müssen die Kinder schnellstmöglich versuchen, einen der freien Stühle zu erreichen und sich darauf zu setzen. Das Kind, das als einziges keinen Stuhl ergattert, scheidet aus und darf als Trost in der nächsten Spielrunde die Musik ein- und ausschalten.

Danach wird der Spielablauf mit einem Stuhl weniger wiederholt. Das Spiel endet, wenn nur noch ein einziges Kind übrig ist und damit gewinnt. Alternativ können auch die letzten zwei oder drei Kinder gewinnen.

Varianten:

-Anstelle von Stühlen können in der Mitte des Kreises Bälle abgelegt werden. Die Kinder müssen daraufhin nach dem Aufhören der Musik versuchen, jeweils einen Ball aufzunehmen. Die Zahl der Bälle wird nach jeder Spielrunde entsprechend verringert.

-Anstelle von Stühlen können Matten verwendet werden. In diesem Fall werden die Matten im äußeren Bereich des Spielfeldes reihum auf den Boden gelegt. Die Kinder halten sich in der Mitte des Spielfeldes auf und beginnen nach Spielbeginn damit, sich um die eigene Körperachse im Kreis zu drehen. Zusätzlich kann angeordnet werden, dass sie die Augen schließen. Im Folgenden müssen sie nach dem Aufhören der Musik versuchen, eine der Matten zu erreichen. Die Zahl der Matten wird nach jeder Spielrunde entsprechend reduziert, indem sich die ausgeschiedenen Kinder auf die nicht mehr benötigten Matten setzen.

39. Staffellauf

<u>Hilfsmittel:</u>
keine
<u>Spielablauf:</u>
Auf dem Spielfeld werden eine Start- und eine Ziellinie festgelegt. Alternativ kann die Position der Spielleitung als Zielmarke dienen. Die Kinder werden in zwei oder drei gleich große Mannschaften eingeteilt. Diese stellen sich in Reihen hinter der Startlinie auf.

Nach dem Startkommando rennen die jeweils vorderen Kinder bis zur Ziellinie. Sobald sie diese erreicht haben, drehen sie sich um und kehren schnellstmöglich zu ihren Mannschaften zurück. Das nächste Kind darf erst mit seinem Lauf beginnen, wenn der vorherige Läufer die Startlinie erreicht hat, bzw. wenn die beiden Kinder miteinander abgeklatscht oder sich einen Staffelstab (oder einen kleinen Ball) übergeben haben.

Es gewinnt das Team, dessen Schlussläufer als erster das Ziel erreicht.
<u>Varianten:</u>
-Die Spielleitung kann festlegen, dass sich die Kinder auf eine bestimmte Art und Weise bewegen müssen, z.B. rückwärts, im Leopardengang, im Krabbengang, auf einem oder beiden Beinen hüpfend usw. Nachdem sich die Kinder an der Ziellinie umgedreht haben, können sie dann normal zurück sprinten. Außerdem können Hilfsmittel verwendet werden, indem z.B. ein Ball gerollt, jongliert, auf den Boden geworfen (Basketball-Dribbling) oder anderweitig transportiert werden muss. Die verschiedenen Disziplinen können dazu dienen, einen Staffelwettbewerb durchzuführen. Dabei werden nach jedem Durchgang Punkte verteilt, z.B. erhält das Siegerteam 3 Punkte, die Zweitplatzierten 2 Punkte und das Verliererteam einen Punkt. Nach allen Disziplinen steht dann der Gesamtsieger fest.

-Auf den Laufbahnen der Mannschaften können Hindernisse platziert werden, die von den Kindern bewältigt werden müssen. Z.B. können Hütchen aufgestellt werden, die im Slalom zu passieren sind.

-Der Staffellauf kann auch paarweise durchgeführt werden. Dazu müssen stets die beiden vorderen Kinder einer Mannschaft eine entsprechende Disziplin absolvieren. Z.B. bilden die Kinder eine Schubkarre, haken sich Rücken an Rücken mit den Armen unter, transportieren einen Ball, der zwischen ihren Rücken eingeklemmt ist, führen abwechselnd Bocksprünge über ihre hockenden Partner aus, klettern sich abwechselnd durch die Beine usw.

40. Goldmine

<u>Hilfsmittel:</u>
Viele kleine Bälle oder Säckchen, drei Matten oder Kastenoberteile
<u>Spielablauf:</u>
Die Spielleitung teilt die Kinder in zwei Mannschaften ein. Die beiden Mannschaften stellen sich auf derselben Seite des Spielfeldes in unterschiedlichen Ecken und verfügen jeweils über eine Matte oder ein Behältnis zur Aufbewahrung ihrer Fund-

stücke. Am anderen Ende des Spielfeldes werden die Bälle mittig auf einer weiteren Matte oder in einem Behältnis abgelegt. Dieser Bereich stellt die Goldmine dar.

Nach dem Startkommando laufen die Kinder schnellstmöglich zu der Goldmine, woraufhin sie immer lediglich ein Goldstück an sich nehmen dürfen. Danach bringen sie dasselbe schnellstmöglich zu ihrem Lagerplatz.

Das Spiel endet, sobald keine Goldstücke mehr in der Mine vorhanden sind. Das Team mit den meisten Fundstücken gewinnt.

<u>Varianten:</u>

-Anstatt zwei können drei oder vier Mannschaften an dem Spiel teilnehmen. In diesem Fall wird die Goldmine in der Mitte des Spielfeldes platziert, und die Lager der Mannschaften befinden sich jeweils im gleichen Abstand davon in den Spielfeldecken.

-Die Spielleitung kann festlegen, dass sich die Kinder nur auf eine bestimmte Weise bewegen dürfen, z.B. hüpfend, rückwärts laufend, auf allen Vieren usw. Nach der Aufnahme eines Goldstücks dürfen sie wieder normal zu ihrem Lager zurücklaufen.

-Es können auf mehrere Goldminen verteilt werden, z.B. zwei oder drei. Dabei sollte es sich um Behältnisse handeln, die nicht eingesehen werden können, z.B. umgedrehte Kastenoberteile. Die Bälle werden vor Beginn gleichmäßig darin verteilt. Die Kinder müssen sich folglich merken oder erraten, in welcher Mine noch Bälle vorhanden sind, um keine Zeit zu verlieren.

41.Aufräumspiel

<u>Hilfsmittel:</u>

Viele kleine Bälle, drei Kastenoberteile

<u>Spielablauf:</u>

Die Spielleitung teilt die Kinder in drei oder vier Mannschaften ein. Die Mitglieder der einzelnen Mannschaften stellen sich in einem Dreieck oder Viereck auf und erhalten jeweils ein umgedrehtes Kastenoberteil (oder ein anderes Behältnis). In jedes der Behältnisse werden gleich viele Bälle gelegt. Dabei muss die Zahl der Bälle die Zahl der Kinder, die an dem Spiel teilnehmen, überschreiten. Die Bälle stellen Müll dar, den es ordentlich aufzuräumen, bzw. zu beseitigen gilt.

Nach dem Startkommando schnappen die Kinder sich jeweils einen Ball aus ihrem Kasten und tragen ihn schnellstmöglich zu dem Kasten einer der anderen Mannschaften. Jedes Kind darf immer nur einen Ball gleichzeitig transportieren. Die Kinder dürfen sich jeweils aussuchen, zu welchem der anderen Teams sie den Ball tragen wollen.

Es gewinnt die Mannschaft, der es als erste gelingt, den letzten Ball aus ihrem Kasten zu nehmen und diesen damit zu leeren.

Varianten:

-Das Spiel kann alternativ auf Zeit gespielt werden. Nach Ablauf der Zeit stoppt die Spielleitung das Spiel, und es gewinnt das Team, in dessen Kasten sich die wenigsten Bälle befinden.

-„Räuberbanden": Das Spielprinzip kann umgekehrt werden, indem jede Mannschaft anfangs über eine gewissen Zahl an Goldnuggets verfügt. Die Spieler laufen nun in das Lager des jeweils anderen Teams und dürfen von dort jeweils ein Goldstück stibitzen. Das Team, das nach Zeitablauf die größere Beutemenge besitzt, gewinnt das Spiel.

42.Fische fangen

Hilfsmittel:

Viele Bälle (unterschiedliche Größen), zwei Matten

Spielablauf:

Die beiden Matten werden in einigem Abstand voneinander auf dem Spielfeld abgelegt gelegt. Die Bälle werden dazwischen auf den Boden gelegt und stellen die Fische dar. Die Spielleitung teilt die Kinder in zwei Mannschaften ein. Die eine Mannschaft kann z.B. als „Pinguine", die andere z.B. als „Robben" bezeichnet werden. Jede Mannschaft startet in der Nähe einer der Matten, die jeweils Eisschollen darstellen.

Nach dem Startkommando haben die beiden Teams die Aufgabe, so viele Fische wie möglich aufzunehmen und auf ihren Eisschollen zu platzieren. Dabei können sie sowohl Bälle, die sich frei auf dem Spielfeld befinden, als auch solche, die auf der gegnerischen Eisscholle liegen, an sich nehmen. Dabei kann ein Spieler so viele Bälle mitnehmen, wie er aktiv tragen kann. Allerdings dürfen die Bälle nicht in der Kleidung (z.B. in den Hosentaschen oder unter dem Shirt) befördert und auch nicht geworfen werden. Es ist auch nicht erlaubt, anderen Spielern den Weg zu versperren oder ihnen Bälle, die gerade transportiert werden, wegzunehmen.

Das Spiel endet nach einer zuvor festgelegten Zeitspanne. Es gewinnt das Team, auf dessen Eisscholle sich die meisten Bälle befinden. Bälle, die von den Matten heruntergerollt sind, zählen nicht dazu.

Varianten:

-Das Spiel kann auch mit drei oder vier Teams gespielt werden. Dann können z.B. „Eisbären" hinzukommen, oder aber die Robben werden in „Seehunde", „Seelöwen", „Walrosse" usw. unterteilt.

-Zusätzlich zu den Bällen können auch andere ungefährliche Gegenstände, wie Kegel oder Hütchen, auf dem Spielfeld platziert werden. Die Gegenstände sollten nicht zu klein sein. Jeder zählt gleichermaßen einen Punkt.

43.Hütchenspiel (Spielkartenlauf)

Hilfsmittel:

Mehrere Hütchen (undurchsichtig und oben geschlossen), ein kleines Objekt, z.B. Steinchen oder Münze; alternativ: ein Kartenspiel; Stoppuhr

Spielablauf:

Die Spielleitung teilt die Kinder in zwei gleich große Mannschaften ein. Die erste Mannschaft beginnt und stellt sich an einem Ende des Spielfeldes in einer Reihe auf. Am anderen Ende des Spielfeldes werden mindestens so viele Hütchen, wie sich Spieler in der Mannschaft befinden, nebeneinander gestellt, wobei die Spielleitung unter einem derselben das Steinchen versteckt. Die zweite Mannschaft pausiert derweil und wartet neben dem Spielfeld.

Nach dem Startkommando läuft der erste Spieler zu einem der Hütchen, dreht es um und schaut nach, ob sich das gesuchte Objekt darunter befindet. Sollte dies nicht der Fall sein, stellt er das Hütchen wieder an die ursprüngliche Position und läuft schnellstmöglich zu seinen Mitspielern zurück. Nachdem er mit dem zweiten Spieler seines Teams abgeklatscht hat, läuft dieser seinerseits zu einem der Hütchen und versucht sein Glück. Dabei ist es wichtig, dass die Kinder aufmerksam sind und sich merken, welche Hütchen bereits umgedreht wurden.

Die Spielrunde geht solange, bis ein Spieler das Steinchen zur Startlinie zurückgebracht hat. Die Spielleitung misst derweil die Zeit, die das Team bis zum Erfolg benötigt hat. Anschließend ist die zweite Mannschaft an der Reihe. Es gewinnt das Team, das weniger Zeit für die Aufgabe benötigt hat.

Varianten:

-Der Spielablauf kann so gestaltet werden, dass beide Mannschaften gleichzeitig an der Reihe sind. Dazu werden entweder für beide Mannschaften jeweils eigene Hütchen mit jeweils einem Steinchen darunter aufgebaut oder aber beide Mannschaften teilen sich die gleichen Hütchen mit einem einzigen Steinchen. Es gewinnt das Team, das als erstes das gesuchte Steinchen zurückträgt. Eine Uhr ist hier nicht vonnöten.

-Anstelle der Hütchen können auch Spielkarten verdeckt ausgelegt werden. Die Spielleitung legt beispielsweise schwarze Spielkarten aus, unter denen sich eine einzige rote befindet (z.B. Herz Dame oder Herz Ass). Wenn sich eine Karte, die ein Spieler umgedreht hat, nicht als die gesuchte erweist, wird diese anschließend mit der Rückseite nach oben wieder zurückgelegt.

44.Feuer, Wasser, Sturm

Hilfsmittel:

Bänke oder Kastenoberteile (oder Matten)

Spielablauf:

Die Bänke oder Kastenoberteile werden auf dem Spielfeld verteilt. Die Kinder bekommen eingangs die Anweisung, frei auf dem Spielfeld zu joggen und darauf zu warten, dass die Spielleitung ein bestimmtes Kommando gibt.

Wenn die Spielleitung laut „Feuer!" ruft, müssen sich die Kinder schnellstmöglich zu einem der Ausgänge, bzw. zu einem zuvor festgelegten Ort begeben.

Wenn die Spielleitung laut „Wasser!" ruft, müssen sich die Kinder schnellstmöglich auf eine der Bänke/Kastenoberteile stellen. In einer Turnhalle ist auch möglich, an einer an der Wand befestigten Leiter hochzuklettern. Optional kann festgelegt werden, dass eines dieser Objekte immer nur von einer bestimmten Anzahl an Kindern bestiegen werden darf.

Wenn die Spielleitung laut „Sturm!" ruft, müssen sich die Kinder schnellstmöglich auf den Bauch legen. Zusätzlich sollten sie die Hände im Nacken verschränken, um ihren Kopf zu schützen.

Weitere zusätzliche Kommandos können sein:

-„Eis!": Die Kinder müssen sich ganz vorsichtig und langsam bewegen.

-„Stein!": Die Kinder dürfen sich nicht mehr bewegen.

-„Gewitter!": Immer zwei Kinder stellen sich einander gegenüber und strecken ihre Arme nach vorne und schräg nach oben, um ein Dach zu bilden. Maximal zwei weitere Kinder dürfen dort Unterschlupf suchen und sich unterstellen. Unter jedem Dach sollte sich wenigstens ein Kind befinden.

-„Kaugummi!": Die Kinder müssen mit Händen und Brust eine Wand berühren.

-„Kaffeekränzchen!": Die Kinder setzen sich in der Mitte des Spielfeldes in einem Kreis auf den Boden. Danach simulieren sie, dass sie Trinkschokolade, Tee oder Limonade trinken und dazu ein Stück Kuchen essen.

Varianten:

-Das Spiel kann auch als Wettbewerb gespielt werden. In diesem Fall scheidet immer das Kind, das die geforderte Position als letztes einnimmt, aus. Das letzte Kind, das übrig ist, ist gewinnt das Spiel.

45. Tic Tac Toe

Hilfsmittel:

9 Reifen/Fahrradschläuche o.ä., 6 Hütchen o.ä. in zwei unterschiedlichen Farben

Spielablauf:

Auf dem Spielfeld, bzw. der hinteren Spielfeldhälfte werden mit den Reifen neun Felder markiert, sodass ein 3x3-Raster entsteht. Die Spielleitung teilt die Kinder in zwei Mannschaften ein. Die Mitglieder der beiden Mannschaften stellen sich jeweils in Reihen nebeneinander an der Startlinie auf. Jede Mannschaft erhält 3 Spielsteine (Hütchen) derselben Farbe. Diese werden zunächst an die ersten drei Spieler, die jeweils in einer der Reihen stehen, verteilt.

Nach dem Startkommando laufen die vorderen Spieler der beiden Mannschaften bis zu dem Raster und legen jeweils ihren Spielstein in eins der neun Felder. In jedem Feld darf sich immer nur ein Spielstein befinden. Danach kehren sie zu ihrer Mannschaft zurück und klatschen mit dem nächsten Spieler ihres Teams ab, woraufhin dieser loslaufen darf. Die Spieler der beiden Mannschaften laufen folglich gleichzeitig und unabhängig voneinander. Wenn alle drei Spielsteine einer Farbe gelegt wurden, dann muss der nächste Läufer einen der Spielsteine seines Teams aufnehmen und an einer anderen Stelle platzieren.

Ziel des Spiels ist es, drei Spielsteine der gleichen Farbe in eine Reihe zu bekommen, d.h. vertikal, horizontal oder diagonal. Sollte einer Mannschaft dies gelungen sein, so gewinnt sie die Spielrunde. Den Gesamtsieg erringt die Mannschaft, die eine bestimmte Anzahl an Siegen erzielt hat (z.B. drei).

Varianten:

-Das Spiel kann auch rundenweise gespielt werden, indem die jeweils vorderen Läufer der Teams immer abwechselnd laufen. Dadurch wird das Spielgeschehen etwas statischer und dauert länger.

-„4 gewinnt": Das Raster kann auch größer gemacht werden und beispielsweise 5x5 Felder umfassen. Die Mannschaften erhalten dann je 4 Spielsteine, die sie in eine Reihe bringen müssen.

46.Kaiser, wie viele Schritte darf ich gehen?

Hilfsmittel:

keine

Spielablauf:

Die Spielleitung bestimmt ein Kind, das als erstes den Kaiser darstellt. Alternativ fungiert die Spielleitung selbst als Kaiser. Der Kaiser stellt sich an ein Ende des Spielfeldes. Die anderen Kinder stellen sich am anderen Ende des Spielfeldes nebeneinander.

Die Kinder fragen den Kaiser gemeinsam laut „Kaiser, wie viele Schritte darf ich gehen?"

Daraufhin nennt der Kaiser eine Zahl in Verbindung mit einer bestimmten Fortbewegungsart. Dabei kann es sich zum Beispiel handeln um:

-Riesenschritte

-Schritte seitlich

-Schritte rückwärts (in Richtung des Kaisers)

-Fußlängen

-Hüpfer auf einem Bein

-Hüpfer mit beiden Beinen

-Hüpfer mit beiden Beinen und Drehung in der Luft (180 oder 360 Grad)

-Froschhüpfer (Hände nach vorne auf dem Boden absetzen, dann mit beiden Beinen nach vorne hüpfen)

-Schritte oder Sprünge mit geschlossenen Augen

Zwischendurch kann der Kaiser auch die Anweisung geben, sich rückwärts von ihm weg zu bewegen.

Es gewinnt das Kind, der als erstes den Kaiser erreicht.

Varianten:

-Die Kinder können die Frage „Kaiser, wie viele Schritte darf ich gehen?" einzeln und nacheinander stellen. Die darauffolgende Antwort des Kaisers gilt nur für das betreffende Kind, sodass sich auch nur dieses fortbewegen darf. Der Kaiser muss darauf achten, dass er – über die gesamte Spielrunde betrachtet – alle Kinder fair behandelt und ihnen die gleichen Siegchancen gewährt.

47.Schwarz oder Weiß

Hilfsmittel:

Keine

Spielablauf:

Die Spielleitung teilt die Kinder in zwei gleich große Mannschaften ein. Eine Mannschaft wird als „Team Schwarz" und die andere als „Team Weiß" bezeichnet. Die Mitglieder der beiden Mannschaften stellen sich jeweils nebeneinander in der Mitte des Spielfeldes auf, sodass sie ihren Gegnern in etwa einem Meter Abstand gegenüber stehen und diesen den Rücken zudrehen. In einem jeweils identischen Abstand von den Mannschaften befinden sich Linien, die als Rettungslinien fungieren. In einer Turnhalle können das z.B. die Spielfeldbegrenzungen sein.

Die Spieler warten nun darauf, dass die Spielleitung laut eine Farbe ansagt. Wenn diese „Schwarz" ruft, dann rennen die Spieler des entsprechenden Teams nach vorne und versuchen, so viele Spieler des gegnerischen Teams abzuschlagen, wie möglich. Gleichzeitig rennen die Spieler von Team Weiß in die entgegengesetzte Richtung und versuchen, sich durch Flüchten hinter ihre Rettungslinie in Sicherheit zu bringen. Team Schwarz bekommt nach dem Ende der Spielrunde so viele Punkte, wie es ihnen gelungen ist, Mitglieder der gegnerischen Mannschaft abzuschlagen. Anschließend kehren die Spieler wieder in die Startposition zurück.

Ruft die Spielleitung beim nächsten Mal „Weiß", dann sind die Rollen vertauscht. Werden andere Farben genannt, wie z.B. „Rot", „Blau", „Grün" oder „Gelb", passiert nichts weiter. Das Spiel endet, wenn eine Mannschaft eine zuvor festgelegte Punktzahl erreicht hat, z.B. 10.

Die Spielleitung sollte die Farben nicht in einem festen Rhythmus, sondern für die Kinder möglichst schwer vorhersehbar auswählen.

Varianten:

-Anstatt nur einer Farbe besitzt eine Mannschaft gleich mehrere. Z.B. darf Team Schwarz außerdem noch bei „Rot" fangen und Team Weiß bei „Blau". Das fordert die kognitiven Fähigkeiten der Kinder noch mehr.

-Es kann festgelegt werden, dass bei einem erfolgreichen Abschlagen keine Punkte vergeben werden, sondern dass die abgeschlagenen Kinder ausscheiden. Das Spiel endet demnach, wenn ein Team keine Spieler mehr hat.

-Es kann festgelegt werden, dass die Kinder an der Startposition nicht stehen, sondern sitzen oder liegen müssen.

48.Foppen und flüchten

Hilfsmittel:

Keine

Spielablauf:

Die Spielleitung teilt die Kinder in zwei gleich große Mannschaften ein. Die Mitglieder der einzelnen Mannschaften stellen sich jeweils auf eine markierte Linie nebeneinander, sodass sich die Mannschaften im Abstand von ca. zehn Metern gegenüberstehen. Diese Linien dienen sowohl als „Startlinien" als auch als „Rettungslinien". Eine Mannschaft übernimmt zuerst die Rolle des foppenden und flüchtenden

Teams, die andere die Rolle des jagenden Teams. Die Mitglieder der jagenden Mannschaft strecken jeweils einen ihrer Arme nach vorne und drehen ihre Handflächen nach oben.

Nach dem Spielbeginn geht der erste Spieler des foppenden und flüchtenden Teams nach vorne und schreitet die Reihe der gegnerischen Spieler nach Belieben ab. Irgendwann klatscht er mit einer Hand einem seiner Gegner auf dessen Handfläche, woraufhin er sich schnellstmöglich umdreht und versucht, sich hinter die eigene Rettungslinie in Sicherheit zu bringen. Gleichzeitig versucht derjenige gegnerische Spieler, der gefoppt wurde, den flüchtenden Gegner rechtzeitig abzuschlagen. Gelingt ihm dies, dann erhält sein Team einen Punkt. Jedes Kind darf pro Spielrunde nur einmal gefoppt werden, sodass es danach seinen Arm absenkt.

Wenn alle Spieler der ersten Mannschaft an der Reihe waren, werden die Rollen getauscht und die andere Mannschaft ist an der Reihe.

Das Spiel kann über eine oder mehrere Spielrunden gehen. Es gewinnt das Team mit der schlussendlich höchsten Punktzahl.

Varianten:

-Es kann festgelegt werden, dass die Mitglieder des jagenden Teams ihre Augen zunächst geschlossen halten und erst dann öffnen dürfen, wenn sie durch das Schlagen auf ihre Handfläche gefoppt wurden.

-Es kann festgelegt werden, dass Kinder des foppenden und flüchtenden Teams aus dem Spiel ausscheiden, wenn sie auf ihrer Flucht gefangen wurden. Die Mannschaft, die zuerst keine aktiven Spieler mehr besitzt, verliert das Spiel.

-„Schnick, Schnack, Schnuck": Zwei Kinder – jeweils eins pro Mannschaft – stellen sich im Abstand von ca. 1 m gegenüber. Der Rest der Mannschaften steht jeweils an einer Rettungslinie, die sich ein gutes Stück dahinter befindet. Die beiden Kinder spielen nun Schere, Stein, Papier. Der Gewinner versucht sofort, den Gegner abzuschlagen, während dieser versucht, sich hinter seine Rettungslinie in Sicherheit zu bringen. Ein Abschlagen gibt einen Punkt. Je nach Teamgröße treten die beiden Duellanten z.B. 3 Mal gegeneinander an. Wenn alle Kinder an der Reihe waren, hat das Team mit den meisten Punkten gewonnen.

Ballspiele

49.Treibball

Hilfsmittel:

Ein größerer und mehrere kleinere Bälle (z.B. Softbälle oder Gymnastikbälle)

Spielablauf:

Die Spielleitung bestimmt zwei Mannschaften. In die Mitte des Spielfeldes wird ein größerer Ball platziert. Jeweils in einigem Abstand dahinter befinden sich die Ziellinien der einzelnen Mannschaften. Weiterhin befinden sich beliebig viele kleinere Bälle auf dem Spielfeld. Diese können wahlweise bereits vor dem Spielbeginn gleichmäßig an die Kinder verteilt werden, oder aber sie liegen auf der Mittellinie und können nach dem Startkommando dort aufgenommen werden.

Das Spielprinzip besteht darin, dass die Kinder eines jeden Teams versuchen, den großen Ball über die Ziellinie der gegnerischen Mannschaft zu befördern, indem sie diesen mit den kleinen Bällen im richtigen Winkel abwerfen. Daher müssen die Bälle so beschaffen sein, dass der große Ball durch das Auftreffen der kleineren Bälle ins Rollen gebracht werden kann.

Die Kinder dürfen alle kleineren Bälle beliebig aufnehmen, sofern sie frei sind. Ein Behindern von Kindern der gegnerischen Mannschaft ist nicht gestattet. Außerdem darf der große Ball ausschließlich durch die geworfenen kleinen Bälle in Schwung gebracht werden, wohingegen er nicht mit den Füßen oder dem übrigen dem Körper berührt werden darf.

Sobald der große Ball die Ziellinie eines Teams überquert hat, erhält das erfolgreiche Team einen Punkt. Das Spiel endet bei Erreichen einer festgelegten Zahl an Punkten, z.B. drei.

Varianten:

-Anstelle nur eines großen Balles kann ein weiterer ins Spiel gebracht werden. Wenn einer der beiden Bälle eine Ziellinie überquert, legt die Spielleitung diesen auf die Mittellinie zurück, während das Spiel in der Zwischenzeit mit dem zweiten Ball weiterläuft. Das Spiel endet wie oben bei einer bestimmten Punktzahl.

-Eine weitere Möglichkeit besteht darin, dass eingangs noch mehr große Bälle, z.B. fünf, auf die Mittellinie gelegt werden. Das Spiel beinhaltet im Folgenden nur eine Spielrunde, die dann endet, wenn jeder der großen Bälle eine beliebige Ziellinie passiert hat. Es gewinnt das Team, das die Mehrzahl der Bälle über die gegnerische Ziellinie bugsiert hat. Das Spiel kann vorzeitig abgebrochen werden, wenn eine Mannschaft uneinholbar in Führung liegt.

50. Bankball

Hilfsmittel:

Sitzbank, einige große Bälle (z.B. Medizinbälle) und mehrere kleine Bälle (z.B. Gymnastikbälle oder Tennisbälle),

Spielablauf:

Die Spielleitung bestimmt zwei Mannschaften. Auf die Linie zwischen den beiden Spielfeldhälften wird eine Sitzbank gestellt. Auf diese wiederum werden in deutlichem Abstand voneinander die großen Bälle gelegt. Jede Mannschaft begibt sich in eine der Spielfeldhälften, wo sie während des Spiels verbleiben. Die kleinen Bälle werden gleichmäßig unter beiden Mannschaften verteilt.

Nach dem Startkommando versuchen die Spieler der beiden Teams, die großen Bälle durch gezieltes Bewerfen mit den kleinen Bällen zum Hinunterfallen auf der jeweils anderen Spielfeldhälfte zu bringen. Jeder Spieler darf dabei jeden beliebigen kleinen Ball benutzen, den er aufnehmen kann.

Das Spiel endet, wenn alle großen Bälle von der Bank befördert wurden und auf dem Boden liegen. Die Mannschaft mit den wenigsten großen Bällen in ihrer Spielfeldhälfte gewinnt die Runde.

-In jeder der beiden Spielfeldhälften kann sich eine weitere Markierung befinden, die als Wurflinie fungiert. Im Folgenden müssen sich die Kinder stets hinter der Markierung befinden, ehe sie ihre Würfe tätigen. Dies kann sinnvoll sein, wenn die großen Bälle aus einem vergleichsweise leichten Material bestehen, bzw. einfach zu bewegen sind. In diesem Fall steht weniger die Wurfkraft, sondern mehr die Zielgenauigkeit im Vordergrund.

-Das Werfen kann durch ein Schießen mit Fußbällen (aus weichem Material) ersetzt werden. Auch hier kann es sinnvoll sein, in beiden Spielfeldhälften eine Linie zu wählen, hinter der die Schüsse abgegeben werden müssen.

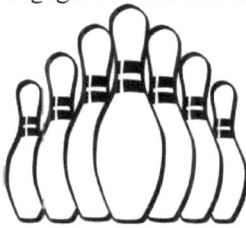

51. Müllbeseitigung
Hilfsmittel:
Sitzbänke, größere Anzahl an Bällen (z.B. Softbälle), Uhr

Spielablauf:
In der Mitte des Spielfeldes werden Sitzbänke in eine Reihe nebeneinander gestellt, sodass die beiden Spielfeldhälften dadurch voneinander getrennt werden. Die Spielleitung teilt die Kinder in zwei Mannschaften ein, die sich jeweils in eine Hälfte des Spielfeldes begeben. Die Kinder stellen allesamt Müllsammler dar. Die Bälle werden anfangs gleichmäßig in die beiden Spielfeldhälften verteilt.

Nach dem Spielbeginn versuchen die Spieler, die Bälle über die Sitzbänke hinweg in die Spielfeldhälfte des gegnerischen Teams zu werfen.

Nach einer festgelegten Zeitspanne (z.B. drei Minuten) beendet die Spielleitung das Spiel. Nach dem Ertönen des Stoppkommandos dürfen die Kinder augenblicklich keine weiteren Bälle mehr befördern. Die Bälle werden nun eingesammelt und gezählt. Das Team mit dem wenigsten Müll in seiner Spielfeldhälfte gewinnt die Spielrunde.

Varianten:
-Die Spielleitung kann festlegen, dass die Kinder die Bälle nicht werfen dürfen, sondern ausschließlich mit den Füßen schießen müssen. Hierzu sollte eine passende Art an Bällen gewählt werden. Andere Möglichkeiten bestehen darin, dass die Kinder die Bälle lediglich mit der linken Hand, nach hinten über den eigenen Kopf hinweg oder nach hinten zwischen den eigenen Beinen hindurch werfen dürfen.

52. Kreiswerfen

<u>Hilfsmittel:</u>
Vier Bälle (in mindestens zwei Farben)

<u>Spielablauf:</u>
Die Kinder stellen sich in einem großen Kreis auf, sodass zwischen den jeweiligen Nachbarn möglichst viel Platz besteht. Die vier Bälle werden anfangs an unterschiedliche Kinder verteilt. Optional kann auch mit nur mit zwei Bällen begonnen und die Zahl anschließend gesteigert werden.

Nach dem Spielbeginn haben die Spieler die Aufgabe, die Bälle zu ihren jeweiligen Nachbarn zu werfen. Dabei müssen die Bälle einer Farbe nach links, und die Bälle der anderen Farbe nach rechts geworfen werden.

Das Spiel kann auf mannigfaltige Weise variiert und in seiner Intensität gesteigert werden (s.u.).

<u>Varianten:</u>
-Die Spielleitung kann festlegen, dass alle Kinder eine bestimmte Aufgabe machen müssen, wenn die Bälle in einer bestimmten Häufigkeit auf den Boden fallen. Z.B. müssen sich alle kurz auf den Bauch legen oder drei Hampelmänner machen, wenn drei Mal Bälle nicht gefangen wurden.

-Die Spieler dürfen sowohl für das Fangen als auch für das Werfen lediglich eine Hand benutzen.

-Die Bälle werden anstatt zum direkten Nachbarn jeweils zu dem Spieler geworfen, der zwei Positionen neben einem steht. Alternativ werden z.B. die nach links gehenden Bälle zum Nachbarn und die nach rechts gehenden Bälle zum übernächsten Kind geworfen.

-Bei vielen Kindern können zwei Kreise gebildet werden. Die Kreise erhalten anschließend dieselbe Aufgabe, wobei jeweils die Zeit gestoppt wird. Das Team, das schneller war oder weniger Fehler begangen hat, gewinnt.

53. Heiße Kartoffel

<u>Hilfsmittel:</u>
Ein kleiner Ball, Uhr

<u>Spielablauf:</u>
Die Kinder stellen sich in einem großen Kreis auf, sodass zwischen den jeweiligen Nachbarn möglichst viel Platz besteht. Ein Kind hält anfangs den Ball in Händen. Dieser stellt eine heiße Kartoffel dar.

Als Startkommando lässt die Spielleitung Musik laufen. Sobald die Musik ertönt, müssen die Kinder den Ball immerzu in einer zuvor festgelegten Reihenfolge (z.B. im Uhrzeigersinn) zum nächsten Spieler werfen. Bei einem Fehlwurf, d.h. wenn der Ball vom Fänger unmöglich aufgenommen werden kann, muss der Werfende den Ball zurückholen und den Wurf wiederholen.

Nach einer bestimmten Zeitspanne wird die Musik gestoppt. Der Spieler, der den Ball zu diesem Zeitpunkt besitzt, verbrennt sich an der heißen Kartoffel und scheidet aus. Anschließend beginnt die nächste Spielrunde. Der Spieler, der zuletzt übrig bleibt, gewinnt das Spiel.

Varianten:

-Die Spielleitung kann festlegen, dass die Kinder eine bestimmte Übung machen müssen, ehe sie den Ball weiterreichen. Das kann z.B. eine Körperdrehung sein, eine Kniebeuge, bis 5 zählen usw.

-Es kann festgelegt werden, dass das Kind, das nach Ablauf der Zeit die heiße Kartoffel in Händen hält, nicht ausscheidet, sondern stattdessen eine Aufgabe absolvieren muss, z.B. einen Lauf um das Spielfeld herum. Auf diese Weise bleiben alle Kinder dauerhaft im Spiel.

54. Korbwerfen

Hilfsmittel:
Mehrere kleine Bälle, 2 - 3 Kastenoberteile

Spielablauf:
Die Spielleitung teilt die Kinder in zwei oder drei Mannschaften ein. Jedes der Kinder erhält einen kleinen Ball. Die Mitglieder der einzelnen Mannschaften stellen sich in Reihen hinter einer Linie auf, die als Wurflinie dient. Für jede Mannschaft wird in einigem Abstand von der Wurflinie ein umgedrehtes Kastenoberteil platziert. Die Kastenoberteile stellen die Körbe dar.

Nach dem Startkommando versuchen die ersten Spieler einer jeden Mannschaft, ihre Bälle von der Wurflinie aus in die Körbe zu werfen. Nach einem Treffer treten sie für den jeweils nächsten Spieler ihrer Mannschaft zur Seite und warten auf das Ende der Spielrunde. Bei einem Fehlwurf laufen sie nach vorne, um ihren Ball wieder aufzunehmen, und stellen sich in der Reihe wieder hinten an. Gleichzeitig darf bereits der nächste Spieler der Mannschaft seinen Wurf tätigen.

Es gewinnt das Team, das als erstes alle Bälle in den Körben versenkt hat.

Varianten:

-Es kann festgelegt werden, dass alle Spieler ihre Würfe gleichzeitig ausführen können. Die Bälle dürfen allerdings weiterhin nur von der Wurflinie aus geworfen werden.

-Es kann festgelegt werden, dass jedes Team über eine bestimmte Anzahl an Bällen verfügt, z.B. fünf. Die Bälle gehören somit keinem einzelnen Spieler, sondern der ganzen Mannschaft. Nach dem Spielbeginn werfen immer nur die jeweils vorderen Kinder einer Mannschaft. Bei einem Fehlversuch nimmt der letzte Werfer den Ball wieder auf und reicht ihn an das nächste Kind in der Reihe weiter. Bei einem erfolgreichen Wurf stellt sich der Werfer wieder hinten an und das nächste Kind nimmt sich den nächsten Ball. Es gewinnt das Team, das als erstes alle Bälle in den Körben untergebracht hat.

55. Krocket

Hilfsmittel:
Ein kleiner Ball

Spielablauf:
Beim Spielfeld bietet sich in einer Turnhalle eine Hälfte der Halle an. Die Mittellinie kann in diesem Fall als Startlinie genommen werden. Die Spielleitung teilt die Kin-

der in zwei gleich große Mannschaften auf. Die erste Mannschaft stellt sich in einer Reihe an der Startlinie auf. Die Spieler der anderen Mannschaft verteilen sich auf dem Spielfeld, wobei sie jeweils einigen Abstand voneinander und von den Wänden halten. Wenn sie sich für eine Stelle entschieden haben, spreizen sie die Beine schulterbreit und verharren in dieser Position. Sie simulieren damit die Tore.

Das vordere Kind des ersten Teams erhält den Ball und hat die Aufgabe, diesen durch eines der Tore zu werfen oder zu rollen. Sollte es ihm gelingen, einem der stehenden Kinder den Ball durch die Beine zu befördern, verlässt dieses das Spielfeld. Es ist bei einem Wurf auch möglich, gleich zwei Tore zu durchqueren. Danach ist das nächste Kind des werfenden Teams an der Reihe. Es muss den Ball an der Stelle aufnehmen, an der der Ball zuvor liegen geblieben ist, und seinen Wurf von dort aus tätigen.

Die erste Mannschaft spielt im Folgenden solange, bis alle Tore getroffen worden sind. Anschließend werden die Rollen getauscht. Es gewinnt die Mannschaft, die am wenigsten Würfe benötigt hat, um alle Tore zu treffen.

Varianten:

-Das Spiel kann auch mit drei Mannschaften gespielt werden.

-Die Spielleitung kann zwei kleinere Mannschaften bilden, die z.B. aus drei oder vier Spielern bestehen. Die anderen Kinder sind neutral und bilden die Tore. Jede der Mannschaften erhält einen eigenen Ball. Danach sind die Mannschaften immer abwechselnd mit dem Werfen an Reihe, d.h. es beginnt das erste Kind der ersten Mannschaft, danach kommt das erste Kind der zweiten Mannschaft, dann das zweite Kind der ersten Mannschaft usw. Es ist auch erlaubt, den Ball der anderen Mannschaft zu treffen. Es gewinnt schließlich das Team, das die meisten Tore getroffen hat.

56.Schweinchen in der Mitte (Tretze)

Hilfsmittel:

Ein Ball

Spielablauf:

Die Spielleitung bestimmt einige Kinder, die zunächst die Schweinchen in der Mitte darstellen. Die anderen Kinder stellen sich in einem deutlichen Abstand voneinander im Kreis auf, wobei eines von ihnen den Ball erhält. Die im Kreis stehenden Kinder müssen ihre Position während des Spiels beibehalten, d.h. sie dürfen nicht umherlaufen.

Nach dem Spielbeginn muss der Ballträger versuchen, einem seiner Mitspieler den Ball zuzuwerfen. Die Schweinchen befinden sich in der Mitte des Kreises und versuchen, den geworfenen Ball abzufangen. Wenn der Spieler, dem der Ball zugeworfen wird, diesen beim Fangversuch fallen lässt oder aber nicht erreicht, dann darf der Ball sowohl vom Fänger als auch von den Schweinchen aufgenommen werden.

Wenn eines der Schweinchen den Ball berührt, dann darf es in der nächsten Spielrunde in den Kreis zu den Ballbesitzern wechseln. Der Spieler, der den Ball zuletzt geworfen hat, nimmt hingegen den Platz als Schweinchen in der Mitte ein.

Varianten:

-Die Spielleitung kann festlegen, dass der Ball nicht zum direkten Nachbarn im Kreis geworfen werden darf.

-Es kann festgelegt werden, dass die Spieler, denen der Ball zugeworfen wird, den Ball zwingend fangen müssen. Sollte der Ball hingegen auf den Boden fallen, muss der Werfer in die Mitte gehen und das Schweinchen, das sich am längsten in der Mitte befunden hat, darf zu den Ballbesitzern wechseln. Auf diese Weise wird die Rolle der Kinder im Kreis schwieriger und es wird häufiger zu einem Wechsel der Schweinchen kommen.

-Eine sehr dynamische Variante besteht darin, dass die Ballbesitzer nicht im Kreis stehen bleiben müssen, sondern auf dem Spielfeld frei umherlaufen dürfen. Dafür gewinnen die Schweinchen bereits, wenn sie den jeweils ballführenden Spieler abschlagen. D.h. wenn eines der Schweinchen entweder den Ball oder aber den Spieler, der gerade den Ball in Händen hält, berührt, darf es nach außen wechseln, wohingegen der letzte Ballbesitzer seine Rolle übernimmt.

57.American Football

Hilfsmittel:

Ein Ball (evtl. American Football im Softformat)

Spielablauf:

Die Spielleitung teilt die teilnehmenden Kinder in zwei gleich große Mannschaften ein, die sich anfangs jeweils in einer der Spielfeldhälften aufhalten. Jeweils ein Spieler der Mannschaften stellt sich unmittelbar an die Mittellinie.

Nach dem Spielbeginn wirft die Spielleitung den Ball entlang der Mittellinie auf das Spielfeld. Die beiden vorderen Spieler der Mannschaften versuchen daraufhin, den Ball zu fangen oder in die eigene Spielfeldhälfte zu ihren Mitspielern zu schlagen.

Die Mannschaft, die sich im Ballbesitz befindet, hat im Folgenden das Ziel, den Ball über die gegnerische Grundlinie zu tragen. D.h. ein beliebiger Spieler dieses Teams muss mit dem Ball in Händen (oder unter dem Arm) die Grundlinie des gegnerschen Teams überqueren. Dabei darf der Ball beliebig oft zu den Mitspielern gepasst werden.

Die Mannschaft, die sich in der Verteidigung befindet, versucht dies zu verhindern, indem einer ihrer Spieler entweder den Ball berührt oder aber den gegnerischen Spieler, der gerade den Ball führt, abschlägt. Dies darf jeweils ausschließlich in der eigenen Spielfeldhälfte geschehen. Der Angriff scheitert ebenfalls, wenn die angreifende Mannschaft den Ball nach außerhalb des Spielfeldes wirft.

Wenn ein angreifender Spieler abgeschlagen wird, dann lässt er den Ball an Ort und Stelle fallen, damit dieser von einem gegnerischen Spieler aufgenommen werden kann. Das zuvor angreifende Team muss nun schnellstmöglich in die eigene Spielfeldhälfte zurückeilen, um seinerseits zu verteidigen.

Wenn die Angreifer erfolgreich sind, dann erhält die Mannschaft einen Punkt. Das Spiel endet bei Erreichen einer bestimmten Punktzahl oder aber nach einer bestimmten Zeit, wobei das Team mit den meisten Punkten gewinnt.

-Z.B. um das Spiel kennen zu lernen oder etwas übersichtlicher zu gestalten, kann es auch rundenweise gespielt werden. In diesem Fall wird das Spiel nach Abschluss eines Angriffs – gleich ob erfolgreich oder gescheitert – kurzzeitig unterbrochen. Beide Teams begeben sich daraufhin wieder in ihre jeweilige Spielfeldhälfte und warten auf das Kommando für den nächsten Angriffsversuch. Auf diese Weise wird es erheblich schwieriger, einen Punkt zu erzielen. Daher sollte die Spielerzahl begrenzt sein (z.B. mit Auswechselspielern) oder aber es findet innerhalb der Mannschaften eine Unterteilung in Angreifer und Verteidiger statt, sodass immer nur einige Kinder gleichzeitig zum Einsatz kommen.

-Es kann festgelegt werden, dass z.B. in der letzten Spielminute für einen erfolgreichen Versuch gleich zwei Punkte vergeben werden. Auf diese Weise kann die Spannung erhöht werden.

-Die Angriffsversuche können zeitlich begrenzt werden, z.B. auf 20 s, damit es nicht zu einem Zeitspiel kommt.

58.Fußball mit Hände geben

Hilfsmittel:

Ein Ball (Fußball, Hallenfußball oder großer Softball), ein Tor/Tormarkierung (oder zwei Tore

Spielablauf:

Es können neun Kinder gleichzeitig an einem Spiel teilnehmen. Die Spielleitung teilt die Kinder in drei Mannschaften zu je drei Spielern ein. Die Spieler einer Mannschaft geben sich die Hände und müssen dies während des gesamten Spielverlaufs beibehalten. Ein neutraler Spieler (z.B. die Spielleitung) geht in das Tor und fungiert als Torwart.

Nach dem Spielbeginn wirft der Torwart den Ball auf das Spielfeld. Die Spieler der drei Mannschaften bemühen sich nunmehr darum, den Ball ins Tor zu schießen. Wenn der Torwart einen Ball hält, dann wirft er ihn auf das Spielfeld zurück, ohne einer Mannschaft einen eindeutigen Vorteil zu geben. Ein Ball, der ins Toraus geht, wird ebenfalls vom Torwart aufgenommen und durch ihn ins Spiel zurückgebracht.

Das Spiel endet, wenn ein Team zuerst drei Tore erzielt hat.

Varianten:

-Eindeutige Foulspiele können mit Gelber Karte und danach mit Torabzug geahndet werden.

-Das Spiel kann auf mehrere Tore gespielt werden, d.h. auf so viele Tore, wie Mannschaften teilnehmen. In diesem Fall sind die Tore entweder leer, oder aber ein weiteres Mannschaftsmitglied fungiert jeweils als Torwart. Bei leeren Toren sollten diese nach Möglichkeit verkleinert werden.

-Sowohl die Anzahl der in einer Mannschaft befindlichen Kinder als auch die Anzahl der Mannschaften kann je nach Bedarf angepasst werden.

59.Handfußball im Kreis
Hilfsmittel:
Ein kleiner Ball, ein Tor
Spielablauf:
Es können ca. 10 Kinder an dem Spiel teilnehmen. Die Kinder stellen sich mit dem Gesicht nach innen im Kreis auf. Dabei spreizen sie jeweils in etwa gleich weit die Beine. Der Raum zwischen den Beinen stellt die Tore dar. Die Außenseiten der Schuhe, bzw. Füße der Kinder müssen diejenigen ihrer Nachbarn berühren, sodass dazwischen keine Lücken bestehen.

Nach dem Spielbeginn wirft die Spielleitung den Ball in den Kreis. Die Spieler müssen nun versuchen, den Ball mit ihren Händen zu schlagen mit dem Ziel, den Ball von ihrem Tor fernzuhalten und ihn stattdessen durch das Tor eines der anderen Spieler zu befördern. Dabei dürfen sie ihren Stand nicht verändern. Das bedeutet, dass sie sich die meiste Zeit über nach vorne beugen müssen, um den Ball zu erreichen. Wer ein Tor kassiert, scheidet aus. Die übrigen Spieler rücken daher in der nächsten Spielrunde enger zusammen. Die beiden Spieler, die als letzte übrig sind, gewinnen das Spiel.
Varianten:
-Das Spiel kann ohne Ausscheiden gespielt werden. Die Spieler, durch deren Beine der Ball hindurchgeht, kassieren stattdessen Strafpunkte. Es gewinnen nach einer festgelegten Zeit die Spieler mit den wenigsten Strafpunkten.
-Das Spiel kann auch mit Mannschaften gespielt werden. Bei 10 Kindern bilden somit jeweils fünf, die nebeneinander stehen, ein Team. Das Team, das der Ball durch eines der gegnerischen Tore befördert, bekommt ein Tor gutgeschrieben. Alternativ kann das Spiel auch mit drei Teams gespielt werden. Hier kassiert jeweils das gesamte Team einen Strafpunkt.

60.Sitzfußball
Hilfsmittel:
Ein Ball, zwei Tore
Spielablauf:
Die Spielleitung teilt die Kinder in zwei gleich große Mannschaften ein. Die Mitglieder der beiden Mannschaften verteilen sich jeweils in ihrer Spielfeldhälfte und setzen sich auf den Boden. Der Ball wird anfangs auf den Mittelpunkt des Spielfeldes gelegt.

Nach dem Spielbeginn dürfen sich die Spieler frei auf dem Spielfeld bewegen, wobei sie lediglich auf dem Hintern rutschen oder im Krabbengang gehen dürfen. Beim Krabbengang bewegt man sich aus der Sitzposition heraus mit Händen und Füßen im Vierfüßergang. Der Ball darf ausschließlich mit dem Fuß gespielt werden. Ein absichtliches Handspiel kann mit vorübergehendem Felderweis (z.B. für eine Minute) oder Strafstoß geahndet werden. Ein versehentliches Handspiel sollte jedoch nicht geahndet werden.

Es gewinnt die Mannschaft, die nach einer gewissen Zeitspanne die meisten Tore erzielt hat.

Varianten:

-Es kann zusätzlich ein Kind als Torwart fungieren, d.h. es darf Bälle mit der Hand abwehren. Auf diese Weise wird das Toreschießen allerdings deutlich erschwert.

-Es kann festgelegt werden, dass jeder Torschütze einstweilen das Feld verlassen muss. Folglich befindet sich dessen Team vorübergehend in Unterzahl. Sobald das gegnerische Team ein Tor erzielt, darf der Spieler das Spielfeld wieder betreten. Wenn das Team, das sich in Unterzahl befindet, hingegen erneut ein Tor schießt, muss ein weiterer Spieler draußen Platz nehmen. Durch diese Regel kann für mehr Ausgeglichenheit und Spannung gesorgt werden.

61.Boule

Hilfsmittel:

2 x drei Softbälle der gleichen Farbe, ein anderer Ball (oder ein Boule-Spiel)

Spielablauf:

Die Spielleitung teilt die Kinder in Mannschaften mit je drei Spielern ein. Zwei Mannschaften werden ausgewählt, die zuerst gegeneinander antreten. Jeder Spieler einer der beiden Mannschaften erhält einen Softball derselben Farbe. Die Spieler stellen sich jeweils in einer Reihe hintereinander an die Startlinie.

Die Spielleitung wirft den einzelnen Ball – das Schweinchen – von der Startlinie aus auf das Spielfeld. Anschließend wirft der erste Spieler der ersten Mannschaft seinen Ball von der Startlinie aus ebenfalls auf das Spielfeld, wobei er versucht, möglichst nahe an das Schweinchen heranzukommen. Der Ball kann geworfen oder gerollt werden. Dabei darf das Schweinchen auch getroffen und angestoßen werden.

Danach ist der erste Spieler der zweiten Mannschaft an der Reihe. Seine Aufgabe ist es nun, seinen Ball so zu werfen, dass er näher bei dem Schweinchen liegt als der Ball des Gegners. Es ist auch erlaubt, den Ball des Gegners zu treffen und wegzustoßen.

Anschließend sind die übrigen vier Spieler nacheinander an der Reihe. Es gewinnt das Team mit demjenigen Ball, der dem Schweinchen am nächsten ist.

Varianten:

-Bei mehreren Mannschaften kann ein Turnier durchgeführt werden, bei dem immer die Sieger weiterkommen und gegeneinander antreten. Die jeweiligen Verlierer können außerdem eine Trostrunde spielen. Oder aber es tritt jedes Team ein Mal gegen jedes andere an. Die Sieger erhalten immer einen Punkt.

-Wenn genügend Sorten von gleichfarbigen Bälle vorhanden sind, können auch drei Mannschaften gleichzeitig gegeneinander antreten.

62.Muggel-Quidditch

Hilfsmittel:

Ein größerer Ball (z.B. Volleyball oder Handball), zwei kleine Softbälle, ein Gummiball (Flummi), zwei Tore, Uhr

Spielablauf:

Die Spielleitung teilt die Kinder in Mannschaften mit je 5 Kindern ein. Pro Mannschaft werden zwei Kinder als „Treiber", zwei Kinder als „Jäger" und eins als „Hüter" eingeteilt.

Der große Ball wird als „Quaffel", die kleinen Softbälle werden als „Klatsche-" und der Flummi wird als „Schnatz" bezeichnet. Anfangs erhält jeweils ein Treiber eines Teams einen Klatscher. Der Quaffel wird auf die Mittellinie gelegt. Den Schnatz behält die Spielleitung bei sich. Die Hüter stellen sich vor Spielbeginn in das eigene Tor, die anderen Kinder auf die eigene Grundlinie daneben.

Nach dem Startkommando rennen die Jäger nach vorne und versuchen, den Quaffel in ihren Besitz zu bringen. Wenn ein Jäger den Quaffel in Händen hält, dann dürfen die gegnerischen Jäger ihm diesen nicht entreißen und sich ihm auch nicht in den Weg stellen. Der Jäger mit der Quaffel läuft nun in Richtung des gegnerischen Tores und versucht, ein Tor zu werfen. Dabei muss er von außerhalb der Box, d.h. einem eingezeichneten Bereich um das Tor herum, werfen. Die beiden Jäger einer Mannschaft können sich den Quaffel auch gegenseitig zuwerfen. Wenn der Quaffel im Tor landet, erhält das Team 10 Punkte.

Die Aufgabe des Hüters ist es, den Ball zu halten. Gleich ob bei einem Wurf ein Tor erzielt wird oder nicht – wenn der Hüter in Ballbesitz gelangt, dann gibt er den Quaffel an einen eigenen Jäger weiter. Wenn der Ball hinter dem Tor landet dann geht er ebenfalls in den Besitz des Hüters über.

Die Treiber sind sozusagen die Verteidiger. Sie versuchen, den gegnerischen Jäger, der im Besitz des Quaffels ist, abzuwerfen. Sobald dies gelingt, geht der Jäger k.o., d.h. er lässt den Quaffel fangen und läuft zur eigenen Grundlinie zurück, von wo aus er neu loslaufen kann. Geworfene Klatscher dürfen von jedem Treiber aufgenommen werden. Jeder Treiber darf jedoch nur einen Klatscher gleichzeitig aufnehmen. Es kann demnach vorkommen, dass ein Team beide Klatscher in seinem Besitz hat.

Nach 5 Minuten Zeit stoppt die Spielleitung das Spiel und sagt an, dass nun der Schnatz kommt. Darauf legen alle Kinder ihre Bälle beiseite und übernehmen die Rolle der Sucher. Die Spielleitung lässt nun den Gummiball möglichst hoch aufspringen, sodass er nicht sofort gefangen werden kann. Jeder Spieler darf versuchen, den Schnatz zu bekommen. Dabei dürfen sich die Spieler nicht gegenseitig mit den Händen wegstoßen. Das Team des erfolgreichen Suchers erhält 50 Punkte. Anschließend nehmen alle Kinder wieder die Ausgangsposition ein.

Das Spiel endet, wenn eine Mannschaft zuerst 100 Punkte erzielt hat.

-Es kann festgelegt werden, dass das Fangen des Schnatzes nur 30 Punkte bringt. Dafür endet das Spiel sofort, wenn die Mannschaft, die den Schnatz gefangen hat, nun in Führung liegt. Andernfalls geht das Spiel weiter, bis eine Mannschaft 30 Punkte mehr hat als der aktuelle Punktestand des führenden Teams ist (offizielles Regelwerk des Quidditch-Weltverbandes).

-Es kann festgelegt werden, dass das Spiel nicht nach Erreichen einer bestimmten Punktzahl, sondern nach einer bestimmten Spielzeit endet. Beispielsweise kann die Spielzeit 10 Minuten betragen. Optional erreicht ein Team eine bestimmte Punktzahl oder aber die Spielzeit ist verstrichen.

-Es kann vor dem Spiel ein einzelner Spieler pro Mannschaft festgelegt werden, der den Sucher darstellt. Dabei kann es sich auch um einen Spieler handeln, der noch eine andere Rolle innehat. Beim Duell um den Schnatz treten somit ausschließlich die beiden Sucher gegeneinander an.

Spiele für mehr Selbstbewusstsein

63.Die Löwen sind los
Hilfsmittel:
Uhr
Spielablauf:
Die Spielleitung ernennt einige Kinder zu Löwen. Die Löwen befinden sich in der Mitte des Spielfeldes und gehen auf allen Vieren. Dieser Bereich stellt das Löwengehege dar. Des Weiteren befinden sich an den Längsseiten des Spielfeldes Bereiche, die durch Linien von der Mitte abgetrennt sind. Diese Bereiche stellen die Besucherterrassen dar. Dort halten sich zu Beginn diejenigen Kinder auf, die die Besucher spielen.

Nach dem Spielbeginn werden die Besucher dazu aufgefordert, ihren Mut dadurch zu beweisen, dass sie sich den Löwen nähern, diese ansprechen, Selfies mit ihnen schießen usw. Ein Berühren der Löwen ist hingegen nicht gestattet. Die Löwen sind zu Beginn träge, d.h. sie liegen ruhend auf dem Boden, trotten langsam herum usw. und lassen die Annäherungsversuche über sich ergehen.

Irgendwann gibt die Spielleitung laut das Kommando „Die Löwen sind los!". Daraufhin werden die Löwen sofort wild und versuchen, die Besucher mit ihren Tatzen abzuschlagen. Die Besucher versuchen unterdessen, sich schnellstmöglich auf die Besucherterrassen in Sicherheit zu bringen. Die Spielleitung kürt abschließend von den nicht gefangenen Besuchern diejenigen, die am mutigsten waren.

Varianten:
-Das Spiel kann auch über mehrere, z.B. drei Spielrunden gehen. In diesem Fall werden die abgeschlagenen Besucher in der folgenden Runde ebenfalls zu Löwen.

-Es kann den Löwen gestattet werden, dass sie nach dem Fangsignal aufstehen und auf zwei Beinen rennen dürfen. Somit wird das Flüchten für die Besucher deutlich erschwert.

64. Laut und leise

<u>Hilfsmittel:</u>
keine

<u>Spielablauf:</u>
Die Spielleitung teilt das Spielfeld in zwei Hälften ein. Die eine Hälfte ist die „Laut-Hälfte". Wenn die Kinder diese betreten, dürfen sie laut toben, schreien, rennen, stampfen usw. Die andere Hälfte ist die „Leise-Hälfte". Wenn die Kinder diese betreten, dürfen sie lediglich flüstern, auf Zehenspitzen gehen, schleichen usw.
Nach dem Spielbeginn können sich die Kinder frei auf dem Spielfeld bewegen und nach Belieben zwischen den beiden Hälften wechseln.

<u>Varianten:</u>
-Anstatt in zwei Hälften kann das Spielfeld in Viertel aufgeteilt werden, wobei jeweils zwei ein lautes und ein leises Verhalten bedingen.

65. Schutzschild

<u>Hilfsmittel:</u>
keine

<u>Spielablauf:</u>
Die Kinder gehen partnerweise zusammen. Das eine Kind hat zunächst den aktiven, das andere den passiven Part.
Nach dem Spielbeginn hat das passive Kind lediglich die Aufgabe, bewegungslos an einer freien Stelle zu stehen. Die Augen sind dabei geöffnet. Das aktive Kind teilt hingegen Schläge und Tritte in Richtung seines Partners aus, allerdings ohne jemals zu treffen, d.h. es kommt zu keinerlei Berührung. Das passive Kind ist sozusagen von einem Schutzschild umgeben.
Nach einer Weile werden die Rollen getauscht.

<u>Varianten:</u>
-Auf die paarweise Zuteilung kann auch verzichtet werden. Stattdessen verteilen sich die passiven Kinder in einem begrenzten Bereich, während die aktiven Kinder frei umhergehen und beliebige Ziele angreifen dürfen.

66. Stuntman

<u>Hilfsmittel:</u>
keine

<u>Spielablauf:</u>
Die Kinder gehen partnerweise zusammen. Das eine Kind hat zunächst den aktiven, das andere den passiven Part.
Nach dem Spielbeginn teilt das aktive Kind Schläge und Tritte in Richtung seines Partners aus, allerdings ohne jemals zu treffen, d.h. es kommt zu keinerlei Berührung. Das andere Kind stellt hingegen einen Stuntman, bzw. einen Schauspieler dar, der mimt, getroffen zu werden. Der Stuntman hält sich beispielsweise die Körperregion, auf die der angedeutete Angriff abgezielt hat, gibt entsprechende Schmerzlaute von sich, lässt sich auf den Boden fallen usw.
Nach einer Weile werden die Rollen getauscht.

Varianten:

-Auf die paarweise Zuteilung kann auch verzichtet werden. Stattdessen verteilen sich die Stuntmen in einem begrenzten Bereich, während die aktiven Kinder frei umhergehen und beliebige Ziele angreifen dürfen.

67.Sitzblockade

Hilfsmittel:

Uhr

Spielablauf:

Die Spielleitung teilt die Kinder in zwei gleich große Mannschaften ein. Die Kinder der ersten Mannschaft werden angewiesen, sich an eines der Enden des Spielfeldes nebeneinander zu setzen. Die Kinder dürfen sich dabei nicht gegenseitig berühren. Sie bilden sozusagen eine Sitzblockade.

Die Mitglieder der zweiten Mannschaft warten eingangs im Startbereich, der sich am anderen Spielfeldende befindet. Sie haben die Aufgabe, alle Spieler der ersten Mannschaft in den Startbereich zu verbringen. Dabei müssen diese zwingend getragen werden, d.h. beim Transport dürfen sie nicht den Boden berühren und gezogen werden. Es bleibt der aktiven Mannschaft überlassen, sich sinnvoll aufzuteilen und selbst festzulegen, wie viele Tragende jeweils notwendig sind.

Die Mitglieder der Sitzblockade dürfen sich gegen das Verbringen nicht zur Wehr setzen, sondern sich lediglich schwer machen.

Die Spielrunde endet, wenn alle Mitglieder der ersten Mannschaft in den Startbereich des zweiten Teams getragen wurden. Die Spielleitung misst die dazu benötigt Zeit. Danach findet ein Rollentausch statt. Es gewinnt die schnellere der Mannschaften.

Varianten:

-Bei vielen Kindern können auch drei Mannschaften gebildet werden. In diesem Fall muss jeweils ein Team alle Mitglieder der beiden anderen Teams bis in den Startbereich befördern.

-Das Spiel kann alternativ wettbewerbsfrei gespielt werden. Hierzu sind anfangs nur zwei Kinder nicht Teil der Sitzblockade. Nach dem Startkommando können sie sich ein Kind aussuchen, das sie zuerst transportieren wollen. Nach der erfolgreichen Ausführung wird dieses dann zu ihrem Helfer, solange bis alle Kinder getragen wurden.

68.Siegerehrung

Hilfsmittel:

keine

Spielablauf:

Die Kinder stellen sich so auf, dass sie einen Kreis bilden. Das Kind, das an der Reihe ist, stellt sich in die Mitte des Kreises und schließt die Augen.

Die Spielleitung weist es an, sich einen beliebigen Wettbewerb, den es gerne gewinnen möchte, vorzustellen. Es kann sich dabei um Wettkampf gegen andere, eine

Prüfungssituation, eine Herausforderung o.ä. handeln. Das Kind muss über seine Gedanken zu keinem Zeitpunkt offen sprechen, sondern behält diese für sich. Gleichzeitig werden die anderen Kinder angewiesen, das Kind in der Mitte durch Klatschen und Rufen seines Namens anzufeuern.

Nach einer gewissen Zeitspanne gibt die Spielleitung den unterstützenden Kindern das Signal, dass das Kind in der Mitte erfolgreich war. Daraufhin brechen die Kinder in Jubel und Freuderufe aus. Das Kind in der Mitte soll sich dabei vorstellen, dass es die selbstgewählte Herausforderung gemeistert, bzw. den Wettkampf gewonnen hat. Bald darauf beginnen die außen stehenden Kinder, dem Sieger abschließend zu applaudieren. Darauf kann sich das Kind in der Mitte vorstellen, dass es nunmehr als Sieger geehrt wird.

Jedes Kind ist anschließend einmal an der Reihe.

Varianten:

-Wenn es den Kindern schwerfallen sollte, sich eine passende Aufgabe auszusuchen, kann die Spielleitung einen Vorschlag machen. Oder aber sie gibt ein gemeinsames Thema vor, an dem sich alle Kinder orientieren sollten, z.B. ein Wettlauf oder eine musikalische Darbietung.

69.Spießrutenlauf

Hilfsmittel:

keine

Spielablauf:

Die Kinder stellen sich an einem Ende des Spielfeldes in zwei Reihen auf, wobei zwischen den Reihen ein Abstand von wenigen Metern besteht. Bei wenigen teilnehmenden Kindern können diese auch nur eine Reihe bilden und sich im gleichen Abstand vor eine Wand stellen. Auf diese Weise entsteht eine Gasse, die es anschließend zu durchqueren gilt.

Die Spielleitung erklärt den Kindern den ersten Teil der Übung. Dieser beinhaltet, dass die Kinder einzeln durch die Gasse gehen und sich dabei den strengen und ablehnenden Blicken der anderen Kinder ausgesetzt sehen. Das Kind, das an der Reihe ist, soll mit sicheren Schritten und gleichbleibender Geschwindigkeit vorangehen, achtsam sein und sich nicht provozieren lassen. Anschließend stellt es sich ans Ende einer der beiden Reihen, woraufhin das nächste Kind mit dem Gehen beginnt.

Danach wird der zweite Teil der Übung durchgeführt. Die Voraussetzungen sind dieselben wir beim ersten Teil. Allerdings erhalten die umherstehenden Kinder nun die Anweisung, denjenigen, der durch die Gasse geht, fortdauernd zu provozieren. Die Provokationen sollen verbal geschehen, z.B. durch Rufen, Spotten, Lachen u.ä., sowie durch eine entsprechende Gestik und Mimik (z.B. Grimassen ziehen). Nicht erlaubt sind hingegen grobe Beleidigungen. Außerdem müssen die Umherstehenden auf ihren Plätzen bleiben und dürfen dem anderen Kind nicht den Weg verstellen oder es berühren.

Das Kind, das an der Reihe war, stellt sich auch hier anschließend an das Ende einer der Reihen, woraufhin der jeweils Nächste losgehen kann.

-Es kann noch ein dritter Teil des Spießrutenlaufes durchgeführt werden. Bei diesem rücken die Kinder dichter zusammen, sodass die dazwischen befindliche Gasse beengter ist. Wenn das Kind, das an der Reihe ist, die Gasse passiert, dürfen die anderen Kinder locker mit den Händen nach ihm schlagen. Die Berührung muss mit den Handflächen und kontrolliert erfolgen, um Verletzungsgefahr auszuschließen. Die Kinder, die den Spießrutenlauf absolvieren, schützen sich gegen die Angriffe, indem sie sich die Hände vor den Kopf halten (Handflächen nach innen).

70.Vertrauenskreis
Hilfsmittel:
keine
Spielablauf:
Die Kinder stellen sich dicht nebeneinander im Kreis auf. Ein Kind stellt sich in die Mitte, verschränkt die Arme vor der Brust und schließt die Augen. Die anderen Kinder strecken ihre Arme aus, sodass die Handflächen nach vorne zeigen, und achten darauf, dass sie einen guten Stand haben.
Nach dem Startkommando lässt sich das Kind in der Mitte mit entspanntem Oberkörper in eine Richtung fallen. Die Beine bleiben dabei fest auf dem Boden. Die anderen Kinder stützen das Kind, das an der Reihe ist, daraufhin mit den Händen ab und schieben es sanft in dessen ursprünglichen Position zurück.
Varianten:
-Eine Vorübung besteht darin, dass sich ein Kind nach hinten fallen lässt und mehrere andere Kinder (und die Spielleitung) dahinter stehen und es stützen, bzw. auffangen.

71.Schreiduell
Hilfsmittel:
keine
Spielablauf:
Die Spielleitung teilt die Kinder in zwei gleich große Mannschaften ein, nämlich die „Ja"- und die „Nein"-Mannschaft. Daraufhin stellen sich die Mannschaften in einigem Abstand gegenüber auf.

Nach dem Startkommando schreien sich die Mitglieder der beiden Mannschaften gegenseitig an, wobei jedes Kind – seiner Teamzugehörigkeit entsprechend – ausschließlich entweder „Ja" oder „Nein" ruft. Die Kinder sollen sich dabei so laut wie möglich ausdrücken.

Nach einer Weile werden die Rollen getauscht.

Varianten:

-Alternativ können die Kinder „Schwarz" oder „Weiß", „heute" oder „morgen", „lernen" oder „spielen", „Nudeln" oder „Pommes", „Hunde" oder „Katzen" usw. schreien. Der Fairness halber sollten die konkurrierenden Wörter immer die gleiche Silbenzahl beinhalten. Idealerweise lösen die Wörter bei den Kindern zusätzlich Identifikation und Emotionen aus.

-Die Spielleitung kann nach jeder Spielrunde die lautere Mannschaft zum Sieger küren.

72.Die 6 Emotionen

Hilfsmittel:

keine

Spielablauf:

Die Spielleitung nennt nacheinander eine der 6 Emotionen. Daraufhin erhalten die Kinder jeweils die Aufgabe, sich individuell eine entsprechende Szene, bzw. Situation vorzustellen, die bei ihnen diese Emotion hervorruft. Die Kinder dürfen sich während der gesamten Übung nach Belieben bewegen und äußern.

Die Emotionen sind 1.Freude, 2.Wut, 3.Angst, 4.Überraschung, 5.Trauer, 6.Ekel.

Varianten:

-Die Spielleitung kann nacheinander einzelne Szenen oder Situationen vorgeben, die sich die Kinder jeweils vorstellen sollen. Danach wird in die Runde gefragt, welche Emotionen sich daraufhin eingestellt haben.

Achtsamkeitsspiele

73.Treffen und Wegsein

Hilfsmittel:

keine

Spielablauf:

Das Spielfeld sollte eine beschränkte Größe aufweisen, sodass die Kinder sich auf engem Raum bewegen müssen. Als erstes werden die Kinder angewiesen, innerhalb des markierten Bereiches kreuz und quer zu joggen und sich dabei gegenseitig aus dem Weg zu gehen, d.h. nicht zu berühren. Aus dieser Situation heraus werden nacheinander mehrere Disziplinen durchgeführt:

-Die Kinder sollen mit geschlossenen Augen und erhobenen Armen umhergehen und andere Kinder, die ihren Weg kreuzen, erraten, indem sie mit diesen verbal kommunizieren und sie ggfs. ertasten.

-Die Kinder sollen versuchen, andere Kinder, die ihren Weg kreuzen, am Rücken zu berühren. Umgekehrt sollen sie nach Möglichkeit durch Ausweichen vermeiden, selbst getroffen zu werden.

-Die Kinder sollen versuchen, andere Kinder, die ihren Weg kreuzen, an den Beinen zu berühren. Dabei wird die jeweils freie Hand mit der Handfläche nach innen schützend vor den Kopf gehalten. Umgekehrt sollen sie nach Möglichkeit durch Ausweichen vermeiden, selbst getroffen zu werden.

-Die Kinder sollen versuchen, anderen Kindern, die ihren Weg kreuzen, auf den Fuß zu treten. Dabei darf nur der Spann und nicht das Fußgelenk getroffen werden, und die Berührung darf nur leicht sein. Umgekehrt sollen sie nach Möglichkeit durch Ausweichen vermeiden, selbst getroffen zu werden.

-Die o.g. Übungen können frei miteinander kombiniert oder aber beliebig modifiziert werden. Z.B. kann das Ziel ausschließlich ein bestimmtes Bein oder eine bestimmte Schulter sein, oder aber es darf lediglich eine bestimmte Hand zum Antippen verwendet werden usw.

74.Museumswärter

Hilfsmittel:
keine

Spielablauf:
Das Spiel spielt in einem Museum, in das Diebe eingedrungen sind. Die Spielleitung ernennt ca. 2 – 3 Kinder zu Museumswärtern. Die übrigen ca. Kinder stellen sich in einer Reihe nebeneinander auf und nehmen eine beliebige stehende, sitzende oder liegende Position ein. Sie stellen die Wachsfiguren dar und außerdem die Diebe, die sich darunter versteckt haben. Anschließend erhalten die Museumswärter den Auftrag, sich die vermeintlichen Wachsfiguren genau anzuschauen und sich deren Körperhaltung gut einzuprägen. Danach drehen sich die Museumswärter um und verschließen ihre Augen.

Als nächstes signalisiert die Spielleitung ca. 2 – 3 der in einer Reihe stehenden Kinder, dass sie als Diebe fungieren. Daraufhin verändern diese Kinder ihre Körperhaltung geringfügig, z.B. winkeln sie einen Arm an oder spreizen ihn ab, stellen das andere Bein nach vorne, drehen das Gesicht zur anderen Seite usw. Die Veränderung darf einerseits nicht zu offensichtlich, andererseits jedoch nicht zu schwer zu erkennen sein.

Abschließend dürfen sich die Museumswärter wieder umdrehen und die anderen Kinder erneut in Augenschein nehmen. Die Spielleitung erklärt ihnen, wie viele Diebe sich unter den Wachsfiguren befinden. Nach einer Weile müssen die Museumswärter versuchen, diese zu erraten. Je mehr Treffer, bzw. je weniger Fehlversuche sie dabei erzielen, desto besser. In der nächsten Spielrunde spielen andere Kinder die Museumswärter.

Varianten:
-Die Schwierigkeit des Spiels kann auf verschiedene Weise angepasst werden. Zum einen können den Dieben größere oder kleinere Veränderungen erlaubt werden.

Noch schwerer lässt sich das Raten gestalten, wenn die Museumswärter die Zahl der Diebe selbst herausfinden müssen.

75.Wer hat geklatscht?

Hilfsmittel:
keine

Spielablauf:
Ca. 10 Kinder stellen sich mit einigem Abstand zueinander im Kreis auf. Zwei Kinder stehen in der Mitte und übernehmen die Rolle der Ratenden. Die beiden Kinder in der Mitte schließen zunächst ihre Augen und halten sich zusätzlich die Hände davor.

Die Spielleitung zeigt nun auf zwei der Kinder, die im Kreis stehen. Die beiden Auserwählten klatschen daraufhin gleichzeitig in die Hände und nehmen diese danach sogleich wieder an die Körperseiten zurück. Damit das Klatschen genau gleichzeitig erfolgt, können sie sich zuvor mit Blicken verständigen.

Die Spielleitung gibt nach dem Klatschen das Kommando „Augen auf!". Erst jetzt dürfen die Ratenden ihre Augen öffnen. Im Folgenden können sie sich kurz über ihre Wahrnehmungen austauschen, ehe sie angeben müssen, wer ihrer Meinung nach geklatscht hat. Ein Team, das beide Klatschenden erraten hat, darf auch in der nächsten Spielrunde in der Mitte bleiben. Diejenigen, die die meisten Treffer hintereinander haben, haben besonders gut aufgepasst und gewinnen.

Varianten:
-Es kann festgelegt werden, dass jedes Team über zwei Spielrunden hinweg in der Mitte bleibt. Die Zahl der korrekten Rateversuche ergibt anschließend die Gesamtpunktzahl.
-Das Klatschen kann anstatt von zwei Kindern auch von drei Kindern oder aber nur einem einzigen Kind durchgeführt werden. Der Schwierigkeitsgrad orientiert sich an der Zahl der Klatschenden sowie an der Zahl der Kinder, die insgesamt im Kreis stehen.

76.Wer hat seinen Platz getauscht?

Hilfsmittel:
keine

Spielablauf:
Die Kinder stellen sich mit einigem Abstand zueinander im Kreis auf. Zwei Kinder stehen in der Mitte und übernehmen die Rolle der Ratenden. Die beiden Kinder in der Mitte werden aufgefordert, sich die Position der im Kreis stehenden Kinder gut einzuprägen. Danach schließen sie ihre Augen und halten sich zusätzlich die Hände davor.

Die Spielleitung zeigt nun auf zwei der Kinder, die im Kreis stehen. Die beiden Auserwählten tauschen daraufhin ihre Plätze, wobei sie leise auf Zehenspitzen gehen.

Danach gibt die Spielleitung das Kommando „Augen auf!". Erst jetzt dürfen die Ratenden ihre Augen öffnen und sich die Position der Kinder im Kreis neuerlich anschauen. Nachdem sie sich kurz über ihre Wahrnehmungen ausgetauscht haben, müssen sie angeben, welche Kinder ihre Position getauscht haben, bzw. wo die betreffenden Kinder zuvor gestanden haben. Wenn sie beide Kinder richtig erraten haben, dürfen sie in der nächsten Spielrunde in der Mitte bleiben. Als nächstes weist die Spielleitung allerdings drei Kinder an, ihre Plätze zu tauschen, woraufhin es diese nun zu erraten gilt. Dies kann beliebig fortgeführt werden, bzw. solange bis die Ratenden sich irren. Das Team, das die meisten Treffer erzielt, gewinnt.

Varianten:
-Es kann festgelegt werden, dass jedes Team über zwei Spielrunden hinweg in der Mitte bleibt. Die Zahl der korrekten Rateversuche ergibt anschließend die Gesamtpunktzahl.
-Der Schwierigkeitsgrad orientiert sich an der Zahl derjenigen Kinder, die ihren Platz verlassen haben, sowie an der Zahl der Kinder, die insgesamt im Kreis stehen.

77.Ochs am Berg
Hilfsmittel:
keine
Spielablauf:
Die Spielleitung bestimmt ein Kind, das als erstes den Ochsen darstellt. Der Ochse stellt sich an einem Ende des Spielfeldes auf. Die anderen Kinder stellen sich am anderen Ende des Spielfeldes nebeneinander.

Nach dem Spielbeginn dreht sich der Ochse um, sodass er den anderen Spielern den Rücken zukehrt und ruft „Ochs am Berg!" Währenddessen dürfen die Spieler nach vorne laufen. Beim Wort „Berg" dreht sich der Ochse wieder zu den anderen Spielern um, woraufhin diese sofort unbewegt an ihren jeweiligen Plätzen stehen müssen. Sollte der Ochse allerdings erkennen, dass sich noch jemand bewegt, so muss dieser Spieler zum Anfang oder aber eine bestimmte Anzahl an Schritten (z.B. drei) zurückgehen.

Danach dreht sich der Ochse neuerlich um und sagt seinen Spruch auf. Seine Sprechgeschwindigkeit kann er dabei beliebig variieren. Es gewinnt der Spieler, der als erstes den Ochsen, bzw. das anderen Spielfeldende erreicht hat.

Varianten:
-Es kann vorgegeben werden, dass die Spieler nicht normal laufen dürfen, sondern sich anderweitig bewegen müssen, z.B. mit beiden Beinen hüpfen oder rückwärts laufen.
-Klassisch lautet der Spruch des Ochsen. „Eins, zwei, drei, Ochs am Berg!".
Dadurch wird die Zeit, in der sich die Kinder bewegen dürfen, verlängert.

78.Indianerspäher
Hilfsmittel:
keine
Spielablauf:
Die Spielleitung ernennt eines der Kinder zum Indianerhäuptling oder stellt selbst die Rolle des Häuptlings dar. Die anderen Kinder stellen die Indianerkinder dar, die

in der Kunst, des lautlosen Anpirschens geprüft werden. Der Häuptling liegt an einer Seite des Spielfeldes auf dem Bauch, während die Indianerkinder auf der gegenüberliegenden Spielfeldseite nebeneinander ebenfalls auf dem Bauch liegen.

Nach dem Spielbeginn hält sich der Häuptling kurzzeitig mit den Händen die Augen zu. Während dieser Zeitspanne dürfen sich die Indianerkinder auf dem Bauch robbend nach vorne bewegen. Irgendwann nimmt der Häuptling seine Hände rasch beiseite und öffnet die Augen. In diesem Augenblick müssen alle Indianerkinder innehalten und auf der Stelle verharren. Wenn der Häuptling mit seinem prüfenden Blick ein Kind oder mehrere Kinder entdeckt, die sich weiterhin bewegen, dann müssen sich diese zur Strafe um eine Körperlänge nach hinten begeben.

Es gewinnt das Indianerkind, das als erstes die Position des Häuptlings erreicht.

Varianten:

-Der Häuptling kann während des Spiels stehen anstatt zu liegen. Weiterhin können die Indianerkinder bei vielen Teilnehmern von verschiedenen Stellen starten, z.B. von den vier Ecken des Spielfeldes. Der Häuptling steht in diesem Fall genau in der Mitte des Spielfeldes.

79. Modellieren

Hilfsmittel:

keine

Spielablauf:

Die Kinder gehen partnerweise zusammen. Alternativ können auch 3er-Teams gebildet werden. Ein Kind übernimmt zunächst die Rolle des Agierenden, bzw. des Vormachenden. Dieser führt nun nacheinander unterschiedliche Aktionen aus, wobei er sich körperlicher Bewegung, Gestik und Mimik bedienen kann.

Das andere Kind übernimmt zunächst die Rolle eines Spiegels und hat die Aufgabe, alle Bewegungen, die sein Partner vorgibt, exakt nachzuahmen, d.h. zu modellieren. Nach einer Weile werden die Rollen getauscht.

Varianten:

-Die Spielleitung kann jeweils für eine Spielrunde ein bestimmtes Thema vorgeben, z.B. Tiere, Zirkusakrobatik, verschiedene Emotionen usw.

-„Denkmal bauen": Die Spielleitung gibt ein Motiv vor, das die Kinder nachbauen sollen. Daraufhin bewegen und formen sie den Körper ihres Partners so, dass es dem Motiv möglichst entspricht. Beispiele: Baum, Auto, Windmühle, Hund, Spinne, Monster, Vogelscheuche usw.

80. Sprechende Hände

Hilfsmittel:

keine

Spielablauf:

Die Kinder gehen partnerweise zusammen. Alternativ können auch 3er-Teams gebildet werden. Ein Kind übernimmt zunächst die Rolle des Erzählenden. Dieser berichtet seinem Partner nun verschiedene Sachverhalte. Dabei darf er sich allerdings nicht der Sprache bedienen, sondern sich ausschließlich lautlos durch Gestik und Mimik verständigen.

Das andere Kind übernimmt zunächst die Rolle des Zuhörers und hat die Aufgabe, alle Bewegungen, die sein Partner vormacht, richtig zu interpretieren.

Nach einer Weile stoppt die Spielleitung diese Spielphase. Nun berichten die Zuhörer ihrem Partner, was sie erkannt zu haben glauben, woraufhin die Erzähler abschließend auflösen, was davon richtig und was falsch war. Danach werden die Rollen getauscht.

<u>Varianten:</u>
-Die Spielleitung kann jeweils für eine Spielrunde ein bestimmtes Thema vorgeben, z.B. Hobbies, ein typischer Tagesablauf, ein bekanntes Märchen usw.

81.Schach
<u>Hilfsmittel:</u>
Keine
<u>Spielablauf:</u>
Die Spielleitung teilt die Kinder in zwei gleich große Mannschaften ein. Die Mitglieder der einzelnen Mannschaften stellen sich jeweils an einem Spielfeldende nebeneinander. Jeder Spieler stellt seine Füße aneinander und darf sich im Folgenden ausschließlich mit beiden Beinen hüpfend bewegend. Die Kinder stellen die Schachfiguren dar, die im Folgenden auf dem Schachbrett bewegt werden.

Die Spieler des ersten Teams sind nun nacheinander an der Reihe. Sie dürfen jeweils einen Sprung entweder nach vorne oder zur Seite ausführen. Wenn es einem Spieler auf diese Weise gelingt, in Reichweite eines der Gegner zu gelangen, dann darf er diesen im Anschluss an seinen Sprung abschlagen. Es ist einem Spieler sogar gestattet, zwei Gegner gleichzeitig abzuschlagen. Beim Versuch, ein anderes Kind abzuschlagen, dürfen sich beide Spieler nicht mit den Füßen von der Stelle bewegen, sondern sich lediglich mit dem Körper strecken oder zurücklehnen. Ein Spieler, der abgeschlagen wurde, scheidet aus und muss das Spielfeld (Schachbrett) verlassen.

Anschließend sind die Spieler des anderen Teams an der Reihe. Es gewinnt die Mannschaft, die zuerst alle Spieler der gegnerischen Mannschaft abgeschlagen hat.

<u>Varianten:</u>
-Die Spielleitung kann festlegen, dass das Erreichen der gegnerischen Grundlinie durch ein Kind dazu führt, dass ein zuvor abgeschlagener Mitspieler wieder auf das Schachbrett zurückkehren darf.

-Das Spiel kann auf Zeit gespielt werden, z.B. 10 Minuten lang. Es gewinnt das Team, das nach Ablauf der Zeit die meisten Spieler auf dem Spielfeld hat.

-Es kann festgelegt werden, dass die Spieler ausschließlich nach vorne oder aber zusätzlich nach hinten (bei einem kleineren Spielfeld) hüpfen dürfen. Entsprechend wird die Spielzeit erhöht oder verkürzt.

82. Blindenführer

Hilfsmittel:

keine

Spielablauf:

Die Kinder gehen partnerweise zusammen. Alternativ können auch 3er-Teams gebildet werden. Eines der Kinder spielt zunächst die Rolle des Blinden und schließt entsprechend die Augen. Das andere Kind übernimmt zunächst die Rolle des Blindenführers.

Nach dem Spielbeginn hat das Kind, das nicht sehen kann, die Aufgabe, in einem langsamen Tempo auf dem Spielfeld zu joggen. Sein Partner bleibt dabei stets dicht an seiner Seite und gibt ihm bei Bedarf lautstark Anweisungen. Dabei kann es sich etwa um „Weiter!", „Stopp!", „Links!", „Rechts!", „Umdrehen!" oder „Langsamer" handeln. Das Ziel besteht darin, dass eine Kollision mit anderen Kindern oder etwaigen Hindernissen vermieden wird und die hilfsbedürftigen Kinder Vertrauen zu ihren Partnern aufbauen.

Varianten:

-Man kann das Spiel einfacher gestalten, indem die Blindenführer ihre Partner zunächst an den Schultern berühren. Außerdem kann den Kindern erlaubt werden, lediglich zu gehen anstatt zu joggen.

-„Verkehrschaos": Als Vorübung können die Lotsen ihre Partner von hinten an beiden Schultern greifen und durch Druck auf dem Spielfeld dirigieren. Die geführten Kinder dürfen die Augen dabei offen halten und stellen Fahrzeuge dar.

83. Zungenmörder

Hilfsmittel:

Keine

Spielablauf:

Die Kinder stellen sich um Kreis auf. Die Spielleitung bestimmt ein Kind zum Detektiv, das sich in die Mitte stellt. Als nächstes schließen alle Kinder die Augen, woraufhin die Spielleitung einem der im Kreis stehenden Kinder zwei Mal auf die Schulter tippt und ihm damit die Rolle des Zungenmörders zuweist. Danach können alle Spielteilnehmer die Augen wieder öffnen.

Nach dem Spielbeginn versucht der Zungenmörder, eines der anderen Kinder aus dem Spiel zu nehmen, indem er diesem die Zunge rausstreckt. Das Kind, dem die Zunge herausgestreckt wird, mimt daraufhin ein Opfer, indem es laut schreit und sich auf den Boden fallen lässt. Der Zungenmörder muss allerdings darauf achten, dass er seine Taten hinter dem Rücken des Detektivs ausübt, d.h. er darf von diesem beim Herausstrecken der Zunge nicht gesehen werden. Anschließend sucht er sich sein nächstes Opfer aus.

Der Detektiv schaut sich die ganze Zeit über um und versucht, den Täter auf frischer Tat zu ertappen. Wenn er denkt, dass er den Täter kennt, unterbricht er das Spiel und gibt an, dass er den Zungenmörder nun identifizieren kann. Sollte er mit seiner Anschuldigung richtig liegen, gewinnt er das Spiel. Wenn er falsch liegt, dann gewinnt der Zungenmörder. Der Zungenmörder gewinnt ebenfalls, wenn im Kreis nur noch drei Kinder übrig sind.

<u>Varianten:</u>

-Es kann festgelegt werden, dass der Detektiv insgesamt zwei oder drei Mal raten darf, wer der Täter ist. Dafür hat der Zungenmörder das Spiel bereits gewonnen, wenn die Zahl der Kinder, die noch übrig sind, vier oder fünf beträgt.

-Das Spiel kann alternativ auch ohne Detektiv gespielt werden. In diesem Fall stehen alle Kinder im Kreis und heben den Arm, wenn sie denken, dass sie den Zungenmörder kennen. Dies schützt sie jedoch vorerst nicht vor weiteren Angriffen. Wenn mindestens zwei Kinder den Arm heben, unterbricht die Spielleitung das Spiel. Die Kinder, die den Arm gehoben haben, zeigen nun auf den vermeintlichen Täter. Wenn beide richtig liegen, dann verliert der Zungenmörder. Andernfalls sind alle zwei Kinder ausgeschieden. Der Zungenmörder gewinnt das Spiel, wenn er alle Mitspieler eliminiert hat.

-„Among Us": Auch in diesem Fall ist kein Detektiv vorhanden. Die Besonderheit besteht darin, dass jeder Spielteilnehmer ein Mal eine Abstimmung initiieren kann, in deren Verlauf jedes Kind einen Tatverdächtigen nennt. Der Verdächtige mit den meisten Stimmen scheidet aus und gibt danach an, ob er der Zungenmörder war oder nicht. Je nachdem geht das Spiel dann weiter oder endet. Der Täter gewinnt, wenn nur noch zwei weitere Personen außer ihm übrig sind.

84. Kampf um das Seil

<u>Hilfsmittel:</u>

Langes Seil

<u>Spielablauf:</u>

Das Seil wird zu einem Ring verknotet. Die Kinder stellen sich im Kreis auf und halten das Seil jeweils mit beiden Händen fest. Die Spielleitung bestimmt ein einzelnes Kind, das zuerst an der Reihe ist. Dieses stellt sich in die Mitte des Kreises.

Nach dem Spielbeginn versucht das Kind, das sich in der Mitte befindet, eine Hand eines der außen stehenden Kinder abzuklatschen. Die Kinder, die sich bedroht fühlen, dürfen ihre Hände kurzzeitig vom Seil entfernen und in Sicherheit bringen. Sie müssen jedoch darauf achten, dass das Seil nicht den Boden berührt.

Der Spieler in der Mitte ist erfolgreich, wenn es ihm gelingt, einen anderen Spieler an der Hand abzuklatschen, oder aber wenn das Seil den Boden berührt. In der nächsten Spielrunde muss dann derjenige Spieler in die Mitte, der abgeklatscht wurde, bzw. derjenige, der zuletzt die Hände vom Seil gelöst hat, ehe dieses den Boden berührt hat.

Varianten:

-Wenn der Kreis groß genug ist, dann können auch zwei Spieler bestimmt werden, die anfangs in der Mitte stehen. Den Kreis verlassen darf entweder immer nur derjenige Spieler, dem ein Abklatschen gelungen ist, oder aber beide Spieler als Team. In diesem Fall darf der Spieler, der getroffen wurde, einen Partner bestimmen, der mit ihm in die Mitte wechselt.

85.Adler, Schlange, Schwertfisch, Elefant
Hilfsmittel:
Schwimmnudel
Spielablauf:
Die Kinder stellen sich auf einer Linie dicht nebeneinander. Die Spielleitung stellt sich den Kindern mit der Schwimmnudel gegenüber.

Im Folgenden bewegt die Spielleitung die Schwimmnudel abwechselnd auf folgende Art und Weise und versucht dabei spielerisch, die Kinder zu berühren:

-Adler: Die Schwimmnudel wird horizontal von links nach rechts oder rechts nach links auf Kopfhöhe der Kinder bewegt.

-Schlange: Die Schwimmnudel wird horizontal von links nach rechts oder rechts nach links auf Knöchelhöhe der Kinder bewegt.

-Schwertfisch: Die Schwimmnudel wird jeweils nach vorne, d.h. in stechenden Bewegungen in Richtung des Oberkörpers der Kinder bewegt.

-Elefant: Die Schwimmnudel wird jeweils vertikal von oben nach unten in Richtung von Kopf und Schultern der Kinder bewegt.

Die Aufgabe der Kinder besteht darin, sich nicht von der Schwimmnudel berühren zu lassen. Dazu dürfen sie sich ducken, in die Luft springen, sich wenden oder sich geringfügig zur Seite bewegen. Sie müssen jedoch dicht nebeneinander auf der Linie verbleiben und dürfen keine Schritte nach hinten machen.

Variante:

-Die Kinder stellen sich im Kreis auf und geben sich die Hände. Die Spielleitung stellt sich in die Mitte und versucht, die Kinder mit der Schwimmnudel von dort aus zu berühren. Dabei kann sie beide Enden der Schwimmnudel benutzen. Die „Elefanten"-Bewegung zielt dabei auf die Füße.

-Bei vielen Kindern können zwei Reihen oder zwei Kreise mit jeweils einer eigenen Spielleitung mit Schwimmnudel gebildet werden. Oder aber die beiden Schwimmnudeln bedrohen die Gruppe von Kindern in einem einzigen Kreis.

Raufspiele

86.Karottenziehen
Hilfsmittel:
Uhr
Spielablauf:
Die Spielleitung teilt die Kinder in zwei gleich große Mannschaften ein. Die Mitglieder der ersten Mannschaft legen sich im Kreis bäuchlings auf den Boden, wobei

ihre Köpfe nach innen zeigen, und fassen ihre Nachbarn fest an den Händen. Danach sagen sie laut: „Wir halten zusammen!"

Nach dem Startkommando versuchen die Kinder der zweiten Mannschaft, die Karotten zu ziehen, indem sie die auf dem Boden liegenden Kinder voneinander trennen. Um dieses Ziel zu erreichen, dürfen sie diese ausschließlich an den Beinen ziehen und dabei selbst entscheiden, wie viele Kinder jeweils an einer Karotte ziehen. Ein Ziehen an den Kleidern oder den Schuhen ist hingegen nicht gestattet.

Sobald eines der am Boden liegenden Kinder von seinen beiden Nachbarn getrennt wurde, d.h. es diese nicht mehr an den Händen fasst, ist es ausgeschieden. Die verbliebenen Mitglieder der Mannschaft dürfen danach nach Möglichkeit ihren neuen Nachbarn rasch die Hände geben.

Die Spielrunde endet, wenn alle Karotten gezogen wurden, d.h. alle Kinder der ersten Mannschaft von ihren Mitspielern getrennt wurden. Anschließend werden die Rollen getauscht und die erste Mannschaft übernimmt das Karottenziehen. Die Spielleitung misst jeweils die Zeit, woraufhin das schnellere Team gewinnt.

Varianten:

-Es kann den Karotten gestattet werden, sich an den Armen unterzuhaken, um die Verbindung zwischen den Mannschaftskollegen noch stabiler zu gestalten. Umgekehrt dürfen die ziehenden Kinder in diesem Fall außer an den Beinen auch am Körper und an den Armen ziehen. Ein Greifen des Kopfes, ein Umknicken der Finger u.a. ist hingegen untersagt.

-„Hase im Karottenfeld": Das Spiel kann auch ohne Mannschaften und Wettbewerb gespielt werden. In diesem Fall befindet sich anfangs lediglich ein einziger Spieler, der einen Hasen darstellt, außerhalb des Kreises. Er darf sich nun ein Kind aussuchen und dieses durch Ziehen an den Beinen von den anderen lösen. Das Kind, das auf diese Weise aus dem Kreis geöst wurde, wird nun ebenfalls zum Hasen. Das Spiel geht solange, bis alle Karotten geerntet wurden.

87.Inseleroberung

Hilfsmittel:

Eine dicke Matte, mehrere kleine Matten, Stoppuhr

Spielablauf:

Die dicke Matte wird in der Mitte des Spielfeldes ausgelegt. Die kleinen Matten werden um diese herum auf den Boden gelegt. Die Spielleitung teilt die Kinder in zwei Mannschaften ein. Die Mitlieder der ersten Mannschaft begeben sich auf die dicke Matte und nehmen dort eine beliebige, möglichst stabile Position ein. Die Spieler dürfen sich dazu an den Händen fassen, gegenseitig unterhaken usw.

Nach dem Startkommando versuchen die Mitglieder der zweiten Mannschaft, die Insel zu erobern, indem sie sämtliche gegnerische Spieler von der dicken Matte herunter befördern. Dazu dürfen sie an den Beinen, an den Armen oder am Oberkörper ziehen oder stoßen. Schlagen, Kratzen, an den Haaren oder den Kleidern ziehen, Finger umbiegen u.ä. ist hingegen nicht erlaubt, um Verletzungen auszuschließen.

Die Kinder auf der Matte dürfen sich nicht zur Wehr setzen, sondern sich lediglich an ihren Mitspielern festhalten und schwer machen. Sobald ein Kind die Oberfläche der dicken Matte verlassen hat, gilt es als ausgeschieden.

Die Spielleitung misst die Zeit, die das jeweilige Team benötigt, um die Insel vollständig zu erobern, d.h. alle gegnerischen Spieler von der dicken Matte zu bugsieren. Danach ist das andere Team an der Reihe. Das Team, das schneller zum Erfolg kommt, gewinnt.

Varianten:

-Anstatt der dicken Matte werden mehrere kleine Matten getrennt voneinander im Raum verteilt. Jedes Kind der ersten Mannschaft begibt sich auf jeweils eine der Matten. Nach dem Spielbeginn müssen die Kinder der zweiten Mannschaft jeden einzelnen gegnerischen Spieler von seiner Matte befördern. Es existieren somit mehrere kleine Inseln anstatt eine große.

88.Robbe und Eisbär

Hilfsmittel:

keine

Spielablauf:

Die Spielleitung bestimmt einige Kinder (z.B. drei oder vier) zu Eisbären. Die anderen Kinder stellen die Robben dar. Die Robben begeben sich anfangs an ein Ende des Spielfeldes und legen sich auf den Bauch. Die Eisbären begeben sich an das andere Ende des Spielfeldes und knien sich dort hin.

Nach dem Spielbeginn versuchen die Robben, vor den Eisbären ins Meer zu flüchten, d.h. an das andere Spielfeldende zu gelangen. Dazu dürfen sie sich lediglich auf dem Bauch robbend, bzw. kriechend fortbewegen (d.h. der Bauch muss die ganze Zeit über den Boden berühren). Die Eisbären wiederum versuchen, die Robben aufzuhalten, indem sie diese auf den Rücken drehen. Dabei dürfen sie sich ausschließlich auf den Knien bewegen. Die Eisbären können sich nach Belieben aufteilen und eine Robbe alleine oder im Team auf den Rücken drehen. Wenn eine Robbe auf den Rücken gedreht wurde, dann bleibt sie liegen und ist ausgeschieden.

Die Eisbären gewinnen, wenn in einer Spielrunde alle Robben eliminiert wurden. Die Robben gewinnen, wenn wenigstens eine von ihnen das Ziel erreicht hat.

Varianten:

-Es beginnt lediglich ein Kind als Eisbär. Alle Robben, die von ihm umgedreht wurden, werden in der nächsten Spielrunde ebenfalls zu Eisbären. Er gewinnen alle Robben, die drei Spielrunden überstehen, oder aber die letzte Robbe.

-Die Kinder können z.B. in 3er-Teams eingeteilt werden. Jede der Mannschaften übernimmt einmal die Rolle der Eisbären. Für jede umgedrehte Robbe erhalten sie einen Punkt. Das Team mit den meisten Punkten gewinnt die Gesamtwertung

89.Kegel umwerfen

Hilfsmittel:

Mehrere Kegel

Spielablauf:
Die Kinder stellen sich im Kreis auf und halten sich an den Händen. In der Mitte wird ein kleinerer Kreis aus Kegeln aufgestellt. Die erforderliche Anzahl der Kegel orientiert sich somit an der Zahl der Kinder, die den Kreis bilden.

Nach dem Spielbeginn versuchen die Spieler, sich gegenseitig in den Kreis zu ziehen und dazu zu zwingen, die Kegel umzuwerfen. Sobald einer der Kegel umgestoßen wurde, wird das Spiel unterbrochen und der betreffende Spieler muss den Kreis verlassen. Die verbleibenden Spieler geben sich danach von neuem die Hände und der Kegel wird wieder aufgestellt oder aus dem Spiel entfernt.

Der Spieler, des letzten Endes als einziger übrig ist, gewinnt das Spiel.

Varianten:
-Die Spielleitung kann festlegen, dass alle Spieler stets die Augen verschließen müssen.

90.Wühltunnel
Hilfsmittel:
keine
Spielablauf:
Die Kinder stellen sich dicht nebeneinander in zwei Reihen auf, sodass sie jeweils einem anderen Kind gegenüber stehen. Anschließend drehen sie sich um und berühren ihren Partner mit dem Rücken. Dabei müssen sie stets ihr Gleichgewicht bewahren und dürfen sich nicht zu weit nach hinten lehnen. Das nun entstandene Gebilde stellt den Wühltunnel dar. Die Spielleitung wählt ein Kind aus, das mit dem Durchqueren des Wühltunnels beginnt.

Nach dem Startkommando versucht das betreffende Kind, sich jeweils zwischen den Rücken der anderen Kinder hindurch einen Weg zu bahnen, bis es schließlich die andere Seite des Wühltunnels erreicht hat. Dabei darf es die Hindernisse lediglich mit den Armen zur Seite schieben und sich mit dem Körper durch die entstandenen Lücken zwängen. Schlagen, Stoßen und Wegziehen sind hingegen nicht gestattet. Umgekehrt dürfen die anderen Spieler zwar des Vorankommen des wühlenden Kindes erschweren, indem sie ihre Rücken fest gegeneinander pressen, jedoch dürfen sie keinen Schritt nach hinten machen.

Die Kinder, die die Aufgabe bewältigt haben, stellen sich ans Ende der Reihe und werden zu einem Teil des Wühltunnels, sodass dessen Ausdehnung immerzu gleich bleibt und sich nur innerhalb des Spielfeldes verlagert. Anschließend ist der nächste Spieler an der Reihe.

Varianten:
-Der nächste Kind kann bereits mit dem Durchqueren des Wühltunnels beginnen, wenn das vorherige Kind in etwa die Hälfte des Tunnels passiert hat. Auf diese Weise wird der Spielablauf beschleunigt.

91. Leopardenkampf

<u>Hilfsmittel:</u>
keine

<u>Spielablauf:</u>
Die Kinder verteilen sich auf dem Spielfeld und begeben sich in die Liegestützposition. Das Spielfeld sollte nicht allzu ausgedehnt sein, sodass sich Kinder in relativer Nähe zueinander befinden.

Nach dem Startkommando versuchen die Spieler, sich gegenseitig die Arme wegzuziehen mit dem Ziel, dass der Gegner das Gleichgewicht verliert. Wenn einer der Spieler mit Brust, Knie oder Ellbogen den Boden berührt, scheidet er aus. Es gewinnt der Spieler, der zuletzt übrig ist.

<u>Varianten:</u>
-Das Spiel kann auch als Duell ausgetragen werden, indem immer lediglich zwei Kinder gegeneinander antreten. Die anderen Kinder stehen um die Duellanten herum im Kreis und bilden den Kampfring. Optional kann auf diese Weise ein Turnier ausgetragen werden, in dem ein Sieger ermittelt wird.

-Das Spiel kann auch mit Mannschaften austragen werden. In diesem Fall werden die Kinder gleichmäßig in zwei (oder drei) Teams aufgeteilt und treten anschließend gegeneinander an, bis die Siegermannschaft feststeht.

92. Krabbenkampf

<u>Hilfsmittel:</u>
keine

<u>Spielablauf:</u>
Die Kinder verteilen sich auf dem Spielfeld und begeben sich in die umgekehrte Vierfüßerposition, den Krabbengang. Das Spielfeld sollte nicht allzu ausgedehnt sein, sodass sich Kinder in relativer Nähe zueinander befinden.

Nach dem Startkommando versuchen die Spieler, sich gegenseitig wegzuschubsen und die Arme wegzuziehen mit dem Ziel, dass der Gegner das Gleichgewicht verliert. Wenn einer der Spieler mit dem Hinterteil oder dem Rücken den Boden berührt, scheidet er aus. Es gewinnt der Spieler, der zuletzt übrig ist.

<u>Varianten:</u>
-Das Spiel kann auch als Duell ausgetragen werden, indem immer lediglich zwei Kinder gegeneinander antreten. Die anderen Kinder stehen um die Duellanten herum

im Kreis und bilden den Kampfring. Optional kann auf diese Weise ein Turnier ausgetragen werden, in dem ein Sieger ermittelt wird.

-Das Spiel kann auch mit Mannschaften austragen werden. In diesem Fall werden die Kinder gleichmäßig in zwei (oder drei) Teams aufgeteilt und treten anschließend gegeneinander an, bis die Siegermannschaft feststeht.

93.Elektrozaun
Hilfsmittel:
Uhr
Spielablauf:
Die Spielleitung sucht zwei ähnlich kräftige Kinder aus, die gegeneinander ein Duell im Drücken und Ziehen ausführen. Die übrigen Kinder bilden einen Kreis, strecken ihre Arme seitlich aus und reichen sich die Hände. Sie stellen den Kampfring dar, bzw. den Elektrozaun. Die beiden Duellanten stellen sich in die Mitte des Kreises und verschränken ihre Finger miteinander.

Nach dem Startkommando versuchen die beiden Duellanten, ihren jeweiligen Gegner an den Rand des Kampfplatzes zu drängen. Dazu dürfen sie ihn drücken und ziehen und beliebig Schritte und Wendungen machen.

Sobald einer der Duellanten den Elektrozaun berührt, geben die im Kreis stehenden Kinder ein lautes „Beep"-Geräusch von sich, und der betreffende Spieler hat verloren.

Wenn nach einer bestimmten Zeit keiner der Duellanten den Elektrozaun berührt hat, endet das Duell unentschieden.
Varianten:
-Es kann ein Turnier ausgetragen werden, indem die jeweils siegreichen Spieler weiterkommen. Die Verlierer können in einer Trostrunde zusätzlich einen Gewinner ermitteln.

-„Stand-Duell": Ein Duell im Stoßen und Ziehen kann auch durchgeführt werden, indem beide Kinder einen sicheren Stand wählen und sich anschließend nicht mehr von der Stelle bewegen dürfen. Die Aufgabe besteht im Folgenden darin, den Kontrahenten durch Ziehen der Arme oder Stoßen gegen die Arme aus dem Gleichgewicht zu bringen, sodass er einen Schritt machen muss. Wenn beide einen Schritt machen – z.B. einer nach vorne und der andere nach hinten –, dann endet die Runde unentschieden. Auf diese Weise können alle Kinder gleichzeitig beschäftigt werden, z.B. indem sie sich so in zwei Reihen aufstellen, dass jeder einen Gegner vor sich hat.

94.Hahnenkampf
Hilfsmittel:
keine
Spielablauf:
Das Spielfeld sollte eine beschränkte Größe aufweisen, sodass die Kinder sich auf engem Raum bewegen müssen. Die Kinder stellen sich auf ein Bein und verschrän-

ken die Arme vor der Brust. Idealerweise benutzen alle das gleiche Bein als Standbein, z.B. das linke, sodass sich in diesem Fall das rechte frei in der Luft befindet.

Nach dem Startkommando bewegen sich die Spieler hüpfend auf dem Spielfeld umher. Wenn ihnen ein anderer Spieler begegnet, dann stoßen sie diesem mit der eigenen Schulter gegen die Schulter mit dem Ziel, ihn aus dem Gleichgewicht zu bringen. Es ist ausschließlich erlaubt, den Kontrahenten einen Stoß mit der Schulter gegen deren Schulter zu versetzen, d.h. Stöße mit dem Ellbogen oder in den Rücken sind auszuschließen, um Verletzungen zu vermeiden.

Ein Spieler, der daraufhin beide Beine auf dem Boden absetzen muss, scheidet aus. Es gewinnt der Spieler, der als letztes auf einem Bein steht.

Varianten:

-Das Spiel kann auch mit zwei oder drei Mannschaften durchgeführt werden. In diesem Fall hat eine Mannschaft verloren, wenn all ihre Mitglieder eliminiert wurden.

-Der Hahnenkampf kann auch als Duell durchgeführt werden. Die anderen Kinder stellen sich im Kreis um die beiden Duellanten auf, um den Kampfring zu bilden. Alternativ kann das Duell auf einer Mattenfläche durchgeführt werden, wobei das Verlassen der Matten ebenfalls zur Niederlage führt.

95.Balance-Wettstreit

Hilfsmittel:

keine

Spielablauf:

Das Spielfeld sollte eine beschränkte Größe aufweisen, sodass die Kinder sich auf engem Raum bewegen müssen. Die Kinder stellen sich auf ein Bein und verschränken die Arme vor der Brust. Idealerweise benutzen alle das gleiche Bein als Standbein, z.B. das linke, sodass sich in diesem Fall das rechte frei in der Luft befindet.

Nach dem Startkommando bewegen sich die Spieler hüpfend auf dem Spielfeld umher. Wenn ihnen ein anderer Spieler begegnet, dann versuchen sie, diesen durch Ziehen und Stoßen aus dem Gleichgewicht zu bringen. Dabei dürfen sie lediglich die Arme des Gegners berühren und diese greifen, ziehen, verdrehen oder gegen diese stoßen. Stöße gegen den Körper sind hingegen nicht erlaubt.

Ein Spieler, der daraufhin beide Beine auf dem Boden absetzen muss, scheidet aus. Es gewinnt der Spieler, der als letztes auf einem Bein steht.

Varianten:

-Das Spiel kann auch mit zwei oder drei Mannschaften durchgeführt werden. In diesem Fall hat eine Mannschaft verloren, wenn all ihre Mitglieder eliminiert wurden.

-Der Balance-Wettstreit kann auch als Duell durchgeführt werden. Die anderen Kinder stellen sich im Kreis um die beiden Duellanten auf, um den Kampfring zu bilden. Alternativ kann das Duell auf einer Mattenfläche durchgeführt werden, wobei das Verlassen der Matten ebenfalls zur Niederlage führt.

96.Bodenrandori
Hilfsmittel:
Mindestens zwei kleine Matten
Spielablauf:
Die Matten werden aneinander gelegt, sodass eine größere Fläche entsteht. Zwei Kinder knien darauf einander gegenüber.
Nach dem Startkommando beginnen die beiden Kinder mit einem Ringkampf, d.h. sie versuchen, den Gegner durch Greifen, Stoßen und Ziehen in die Rückenlage zu bringen. Würgen, Schlagen, ins Gesicht fassen u.ä. sind hingegen verboten.
Ein Kind, das körperlich unterlegen ist, muss versuchen, sich mit wenden und nachgeben zur Wehr zu setzen und nötigenfalls seine Beine zwischen sich und den Gegner zu bringen. Sollte ein Kind in die Rückenlage geraten, dann muss es unverzüglich seine Beine um die Hüften des Gegners schlingen und diese miteinander verhaken. Sollte ihm dies gelingen, dann endet die Runde unentschieden. Sollte es hingegen dem Gegner gelingen, auf dem am Boden liegenden Kind zu sitzen und beide Beine in der Außenposition zu haben, dann hat er gewonnen.
Das Bodenrandori sollte einen spielerischen Charakter, bzw. einen Übungscharakter haben. D.h. übermäßiger Ehrgeiz, Aggressivität und Frustration sollten möglichst vermieden werden.
Varianten:
-Es können auch drei Kinder gleichzeitig am Bodenrandori teilnehmen. Dabei tritt jeder gegen jeden an, ohne dass es Sieger oder Verlierer gibt. Im Einzelfall können auch zwei Kinder gegen ein einzelnes Kind antreten, nämlich dann, wenn das einzelne Kind körperlich deutlich überlegen ist.

97.Rückendrücken
Hilfsmittel:
Keine
Spielablauf:
Die Spielleitung teilt die Kinder in zwei Mannschaften ein, die sich zahlen- und kräftemäßig ebenbürtig sein sollten. Die Kinder einer jeden Mannschaft stellen sich in eine Reihe nebeneinander und haken sich mit den Armen ein. Anschließend stellen sich die beiden Mannschaften einander gegenüber und drehen sich gegenseitig den Rücken zu. Zwischen den beiden Mannschaften sollte sich eine Linie auf dem Boden befinden.
Nach dem Startkommando versuchen die Mitglieder der beiden Teams, das jeweils gegnerische Team mit dem Rücken nach hinten zu drücken. Dabei müssen innerhalb der Teams die Arme die ganze Zeit über eingehakt bleiben.
Es gewinnt die Mannschaft, deren Mitgliedern es gelingt, allesamt die Mittellinie zu überqueren.
Varianten:
-Es kann festgelegt werden, dass diejenige Mannschaft den Gesamtsieg erringt, die zwei oder drei Mal erfolgreich war. Zwischen den Duellen kann das unterlegene

Team die Reihung der Kinder verändern, um möglicherweise mehr Stabilität oder Durchschlagskraft zu gewinnen.

-Anstatt einer Mittellinie können zwei parallel verlaufende Linien auf dem Boden herangezogen werden. Die Mannschaften stellen sich eingangs zwischen diesen Linien auf. Das Team, das über die entsprechende Linie gedrückt wird, verliert die Runde. Das Duell dauert folglich länger.

98. Tauziehen
Hilfsmittel:
Stabiles Seil
Spielablauf:
Die Spielleitung teilt die Kinder in Mannschaften von ca. 3 – 6 Spielern ein. Die Mitglieder der beiden Mannschaften nehmen das Tau an jeweils einem Ende und stellen sich so auf, dass sich unterhalb der Mitte des Taus eine Linie befindet.

Nach dem Startkommando ziehen die beiden Teams jeweils nach hinten. Dabei muss jeder Spieler seinen Griff an ein und derselben Positionen belassen, d.h. er darf nicht loslassen oder das Seil weiter vorne greifen.

Eine Mannschaft gewinnt, wenn alle gegnerischen Spieler über die Markierungslinie gezogen wurden.

Varianten:
-Die beiden Mannschaften können anschließend noch einmal gegeneinander antreten, wobei die Reihungen innerhalb der Teams geändert werden dürfen. Nach einer bestimmten Anzahl an Siegen (z.B. zwei oder drei) erringt eine Mannschaft den Gesamtsieg.

-Bei mehr als zwei Mannschaften können die Tauziehduelle in Turnierform durchgeführt werden.

99. Viereckziehen
Hilfsmittel:
Langes Seil, 4 Tücher (o.ä.)
Spielablauf:
Das Seil wird zu einem Ring verknotet. Vier Kinder stehen in gleichem Abstand voneinander entfernt im Viereck und fassen das Seil mit jeweils einer Hand. Ca. 1 – 2 m hinter jedem der Kinder wird ein Tuch auf den Boden gelegt.

Nach dem Startkommando versucht jeder der Spieler, das Seil in Richtung seines Tuchs zu ziehen.

Der Spieler, der sein Tuch als Erstes aufheben kann, gewinnt das Spiel.

Varianten:
-Die Zahl der Spieler kann variieren, sodass z.B. auch drei oder fünf Spieler gegeneinander antreten können.

-Die Spieler können sich alternativ in den Ring, der von dem Seil gebildet wird, stellen und das Seil vor ihrer Brust fixieren. Anschließend versuchen sie, das Seil mit ihrem Körper in die gewünschte Richtung zu ziehen. Sie haben folglich beide Hände frei, um das Tuch damit aufzunehmen.

100. Knie-Rugby

<u>Hilfsmittel:</u>

Ein großer Gymnastikball, Uhr

<u>Spielablauf:</u>

Die Spielleitung teilt die Kinder in zwei Mannschaften ein. Jede Mannschaft begibt sich anfangs an ein Spielfeldende. Dort knien sich die Spieler jeweils in einer Reihe nebeneinander. Der Gymnastikball wird in die Mitte des Spielfeldes gelegt.

Nach dem Startkommando versuchen die Spieler, den Gymnastikball über die gegnerische Startlinie zu befördern, wobei sie ihn werfen, tragen oder rollen können. Dabei dürfen sie sich lediglich auf den Knien fortbewegen. Wenn ein Spieler den Ball im Besitz hat, dann dürfen die Gegner versuchen, ihm diesen zu entreißen. Allerdings ist es nicht erlaubt, die Gegner mit den Händen wegzustoßen oder wegzuziehen, um Verletzungsgefahr zu vermeiden.

Wenn der Gymnastikball eines der beiden Spielfeldenden überquert hat, dann erhält das andere Team einen Punkt. Es gewinnt die Mannschaft, die nach Ablauf der vorgegebenen Zeit die meisten Punkte erzielt hat. Alternativ kann das Spiel bis zum Erreichen einer bestimmten Punktzahl andauern.

<u>Varianten:</u>

-Auf einer quadratischen Spielfläche können auch drei oder vier Mannschaften gleichzeitig gegeneinander antreten. Wenn der Ball die eigene Grundlinie überquert, wird ein Punkt abgezogen. Das Spiel kann auf Zeit gespielt werden. Alternativ scheidet ein Team aus, das drei Lebenspunkte verloren hat. Es gewinnt in diesem Fall die Mannschaft, die zuletzt übrig ist.

-„Medizinball-Rugby": Aus vier Matten wird ein rechteckiges Spielfeld gebildet. In die Mitte des Spielfeldes wird ein Medizinball gelegt. An zwei gegenüberliegenden Spielfeldenden knien anfangs die beiden Teams, die aus jeweils drei Spielern bestehen. Das Ziel besteht wiederum darin, den Medizinball über die gegnerische Startlinie zu befördern. Dabei dürfen die gegnerischen Spieler auch gestoßen und gezogen werden. Angriffe auf Hals oder Kopf sind jedoch untersagt. Diese Variante ist deutlich härter als das Grundspiel.

Kinder-Yoga

Allgemeines

Das Einstreuen von Yoga-Übungen in die Trainingsstunde kann den Kindern dabei behilflich sein, zwischenzeitlich Ruhe und Entspannung zu finden, Stress zu verarbeiten und neue Energie zu tanken. Nebenbei werden durch die Einnahme der gewünschten Positionen Motorik, Koordination und Balance gefördert.

Die meisten der hier beschriebenen Übungen bestehen darin, dass für eine gewisse Zeitspanne in einer bestimmten Körperhaltung verweilt wird, d.h. sie sind statischer Natur. Einige Übungen beinhalten hingegen eine Bewegung, die fortlaufend ausgeführt wird. Wie lange eine einzelne Übung beibehalten wird, kann individuell festgelegt werden. Als Richtwert kann eine Minute genommen werden.

Optional besteht jeweils die Möglichkeit, dass die Kinder die Augen schließen und sich ein Bild oder eine Szene vorstellen, die zu dem Thema der jeweiligen Übung passt.

Zusätzlich ist es günstig, wenn die Kinder während der Übungen in der normalen Bauchatmung atmen. Dazu wird in den Bauch hineingeatmet und anschließend betont langsam wieder ausgeatmet. Allein diese Atemtechnik sorgt für ein hohes Maß an geistiger Entspannung. Ggfs. sollte den Kindern diese Atemtechnik vor den Yoga-Übungen separat beigebracht werden, z.B. indem sie sich auf den Rücken legen und sich eine Hand auf den Bauch legen.

1.Der Krieger

Ein Bein wird nach vorne gesetzt, die Schrittbreite ist etwas über schulterbreit, das Gewicht ruht zu 70 % auf dem vorderen Bein. Der Rücken wird gerade gehalten. Man bezeichnet dies auch als „Bogenstand". Die Arme werden nun nach oben geführt, bis sie sich in einer vertikalen Position befinden. Dabei zeigen die Handflächen nach außen. Diese Haltung wird eine Zeitlang beibehalten. Nach einer Weile kann ein Seitenwechsel vorgenommen werden. Optional können die Kinder die Augen schließen und sich vorstellen, dass sie ein athletischer, muskulöser Kämpfer z.B. bei einem sportlichen Wettkampf sind.

2.Der Speerwerfer

Ein Bein wird nach vorne gesetzt, die Schrittbreite ist etwas über schulterbreit, das Gewicht ruht zu 70 % auf dem vorderen Bein. Der Rücken wird gerade gehalten (Bogenstand). Der vordere Arm wird horizontal nach vorne gestreckt, wobei die Handfläche zum Boden zeigt. Der hintere Arm wird horizontal nach hinten gestreckt, wobei die Handfläche nach oben zeigt. Diese Haltung wird eine Zeitlang beibehalten. Nach einer Weile kann ein Seitenwechsel vorgenommen werden. Optional können die Kinder die Augen schließen und sich vorstellen, dass sie z.B. bei einem sportlichen Wettkampf einen Speer in Händen halten.

3.Der Bogenschütze

Zunächst wird der o.g. Bogenstand eingenommen. Beide Arme werden nun nach vorne gestreckt, wobei die Handflächen nach außen zeigen. Gleichzeitig wird das hintere Bein angehoben und nach hinten gestreckt, sodass der Körper nur noch vom vorderen Bein getragen wird. Idealerweise erreichen die Arme und das hintere Bein eine annähernd horizontale Position. Diese Haltung wird eine Zeitlang beibehalten. Nach einer Weile kann ein Seitenwechsel vorgenommen werden. Optional können die Kinder die Augen schließen und sich vorstellen, dass sie z.B. bei einem sportlichen Wettkampf Pfeil und Bogen in Händen halten.

4.Der Vogel
Die Füße stehen in etwa schulterbreit auf einer Linie nebeneinander. Die Arme werden nun seitlich ausgestreckt, sodass sie sich in einer horizontalen Position befinden. Die Hände werden leicht nach oben gekippt, und die Handflächen zeigen zum Boden. Danach werden die Arme immer wieder langsam und synchron nach unten und danach wieder nach oben bewegt. Optional können die Kinder die Augen schließen und sich vorstellen, dass sie als Vögel zwischen den Wolken in der Luft fliegen.

5.Der Mond

Die Füße stehen in etwa schulterbreit auf einer Linie nebeneinander. Die Arme werden nun seitlich nach oben geführt, bis die Fingerspitzen über dem Kopf einander berühren. Die Handflächen zeigen nach innen. Die Arme weisen eine gerundete Form aus, so als ob sie einen Vollmond umarmen würden. Diese Haltung wird eine Zeitlang beibehalten. Optional können die Kinder die Augen schließen und sich den Vollmond am nächtlichen Himmel vorstellen.

6.Der Halbmond

Es wird zunächst die gleiche Haltung eingenommen wie beim Mond, d.h. die Füße stehen schulterbreit auseinander, die Fingerspitzen berühren sich oberhalb des Kopfes und die Arme sind gerundet. Aus dieser Position heraus wird der Oberkörper zu einer der beiden Körperseiten geneigt. Diese Haltung wird eine Zeitlang beibehalten. Danach wird der Körper zur anderen Körperseite geneigt. Optional können die Kinder die Augen schließen und sich einen Halbmond am nächtlichen Himmel vorstellen.

7.Funkelnde Sterne

Die Füße stehen in etwa schulterbreit auf einer Linie nebeneinander. Die Arme werden in einem schrägen Winkel seitlich ausgestreckt, sodass der eine Arm diagonal nach oben und der andere Arm diagonal nach unten zeigt. In dieser Haltung werden nun die Hände immer wieder langsam geöffnet und geschlossen. Dies wird eine Zeitlang beibehalten. Nach einer Weile kann ein Seitenwechsel vorgenommen werden. Optional können die Kinder die Augen schließen und sich funkelnde Stern am nächtlichen Himmel vorstellen.

8.Die Sonne

Die Füße werden etwas weiter als gewöhnlich auseinandergestellt. Die Arme werden möglichst weit seitlich ausgestreckt und etwas angehoben. Die Arme und Beine sind folglich diagonal abgespreizt und stellen die Strahlen der Sonne dar. Diese Haltung wird eine Zeitlang beibehalten. Optional können die Kinder die Augen schließen und sich die Sonne am blauen Himmel vorstellen.

9.Der Laubbaum

Die Füße werden dicht nebeneinander gestellt und die Knie werden leicht gebeugt, d.h. es wird ein etwas tieferer Stand eingenommen. Die Oberarme werden seitlich ausgestreckt und erreichen etwa eine horizontale Position. Die Unterarme werden angehoben und zeigen nach oben und nach vorne. Die Hände werden ganz locker gehalten und sind frei von Spannung. Diese Haltung wird eine Zeitlang beibehalten. Optional können die Kinder die Augen schließen und sich einen großen Laubbaum vorstellen.

10.Der Nadelbaum

Ein Bein wird vom Boden angehoben und angewinkelt, sodass der Fuß die Innenseite des anderen Knies berührt. Die Arme werden nach oben gestreckt, bis die Fingerspitzen einander berühren. Diese Haltung wird eine Zeitlang beibehalten. Nach einer Weile kann das Standbein gewechselt werden. Optional können die Kinder die Augen schließen und sich einen großen Nadelbaum vorstellen.

11. Die Blume

Es wird eine bequeme Sitzposition eingenommen, bei der die Beine verschränkt sind (Schneidersitz). Beide Hände werden mit ihrer Unterseite auf dem Kopf aufgesetzt. Die Daumen und kleinen Finger berühren einander, und die übrigen Finger zeigen vertikal nach oben. Diese Haltung wird eine Zeitlang beibehalten. Optional können die Kinder die Augen schließen und sich eine wunderschöne Blume vorstellen.

12. Die Kerze

Zunächst wird eine bequeme Rückenlage eingenommen. Danach werden beide Beine angehoben, bis sie eine vertikale Position erreichen. Die Arme werden dabei auf dem Boden abgelegt, wobei die Handflächen nach unten zeigen. Diese Haltung wird eine Zeitlang beibehalten. Optional können die Kinder die Augen schließen und sich eine brennende Kerze vorstellen.

13. Die Brücke

Zunächst wird eine bequeme Rückenlage eingenommen. Danach werden die Beine angezogen und die Füße aufgestellt. Nun werden Rücken und Gesäß nach oben gedrückt, sodass nur noch die Schultern auf dem Boden aufliegen. Die Arme werden locker ausgestreckt. Diese Haltung wird eine Zeitlang beibehalten. Optional können die Kinder die Augen schließen und sich eine große Brücke vorstellen, die sich über eine Schlucht spannt.

14.Die Schildkröte

Zunächst wird eine bequeme sitzende Position eingenommen. Danach werden die Beine angezogen und die Füße aufgestellt. Nun werden die Arme von innen unter den Knien hindurch ausgestreckt, sodass sie idealerweise nach hinten zeigen. Diese Haltung wird eine Zeitlang beibehalten. Optional können die Kinder die Augen schließen und sich eine Schildkröte vorstellen, die sich gemütlich in der Sonne entspannt.

15.Der Seestern

Zunächst wird eine bequeme Rückenlage eingenommen. Danach werden die Arme über der Brust gekreuzt, sodass sich die Hände jeweils neben der anderen Schulter befinden. Ebenso werden die Beine gekreuzt. Diese Haltung wird eine Zeitlang beibehalten. Optional können die Kinder die Augen schließen und sich einen Seestern im tiefen Meer vorstellen.

16.Die Windmühle

Die Füße stehen in etwa schulterbreit auf einer Linie nebeneinander. Der Oberkörper wird nun langsam nach vorne gebeugt, wobei die Beine gestreckt bleiben. Der linke Arm wird diagonal nach unten in Richtung des rechten Fußes gestreckt, und der rechte Arm wird gleichzeitig nach oben gestreckt. Diese Haltung wird eine Zeitlang beibehalten. Nach einer Weile können die Seiten gewechselt werden. Optional können die Kinder die Augen schließen und sich eine große Windmühle vorstellen, deren Windräder sich gemächlich über einer Ebene im Kreis drehen.

17.Die Kobra

Zunächst wird eine bequeme Bauchlage eingenommen. Danach werden beide Hände auf dem Boden aufgestützt und der Oberkörper wird nach oben gedrückt, bis die Arme vollständig durchgestreckt sind. Der Oberkörper befindet sich schließlich in einer annähernd vertikalen Position, während das Becken weiterhin den Boden berührt. Diese Haltung wird eine Zeitlang beibehalten. Optional können die Kinder die Augen schließen und sich eine Schlange vorstellen, die sich gemächlich in der Sonne bewegt.

18.Die Katze

Zunächst wird eine kniende Position eingenommen. Danach werden die Hände jeweils auf einer Linie vor den Knien aufgestützt, sodass die Arme durchgestreckt sind. Der Rücken wird gerundet, und das Kinn wird etwas zur Brust gezogen. Der gewölbte Rücken stellt einen Katzenbuckel dar. Diese Haltung wird eine Zeitlang beibehalten. Optional können die Kinder die Augen schließen und sich eine Katze vorstellen, die sich zufrieden umherbewegt.

19.Der herabschauende Hund

Zunächst wird eine kniende Position eingenommen. Danach werden die Hände jeweils auf einer Linie vor den Knien aufgestützt, sodass die Arme durchgestreckt sind. Nun werden die Knie ein Stück weit vom Boden angehoben, und der Blick geht nach unten. Diese Haltung wird eine Zeitlang beibehalten. Optional können die Kinder die Augen schließen und sich einen Hund vorstellen, der einen glücklichen und entspannten Eindruck macht.

20. Der Frosch

Aus einem schulterbreiten Stand heraus wird zunächst eine hockende Position eingenommen. Danach werden die Arme zwischen den Beinen hindurchgestreckt, bis die Hände locker den Boden berühren. Diese Haltung wird eine Zeitlang beibehalten. Optional können die Kinder die Augen schließen und sich einen Frosch vorstellen, der vergnügt auf einem Teich von Blatt zu Blatt hüpft.

21. Das Boot

Zunächst wird eine bequeme Rückenlage eingenommen. Aus dieser Position heraus werden die Arme angehoben und diagonal nach hinten gestreckt, wobei die Handflächen nach oben zeigen. Gleichzeitig werden die Beine leicht angehoben, sodass Beine und Füße nicht mehr den Boden berühren. Diese Haltung wird eine Zeitlang beibehalten. Optional können die Kinder die Augen schließen und sich ein Boot auf einem ruhigen See vorstellen.

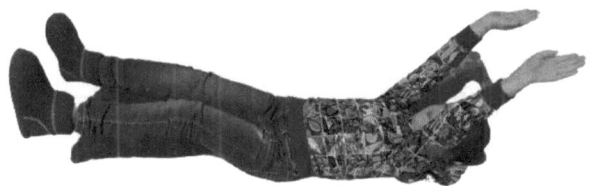

22.Das Segel

Zunächst wird eine bequeme Seitenlage eingenommen. Dabei ist der untere Arm angewinkelt, sodass der Unterarm auf dem Boden aufliegt, während der obere Arm entspannt ausgestreckt wird und auf dem Körper aufliegt. Die Beine sind leicht angewinkelt. Aus dieser Position heraus wird der Oberkörper mit dem unteren Arm etwas nach oben gedrückt, sodass die Hüfte nicht mehr den Boden berührt. Diese Haltung wird eine Zeitlang beibehalten. Nach einer Weile kann ein Seitenwechsel vorgenommen werden. Optional können die Kinder die Augen schließen und sich ein Segelboot auf einem großen See vorstellen.

23.Das Surfbrett

Zunächst wird eine bequeme Bauchlage eingenommen. Danach werden die Arme parallel zueinander angewinkelt, sodass die Unterarme den Boden berühren. Nun wird der Körper nach oben gedrückt, sodass dieser lediglich noch mit den Unterarmen und den Fußspitzen den Boden berührt. Diese Haltung wird eine Zeitlang beibehalten. Optional können die Kinder die Augen schließen und sich einen Surfer auf dem Meer vorstellen.

24.Der Schaukelstuhl

Zunächst wird eine bequeme sitzende Position eingenommen. Danach werden die Beine zum Körper gezogen, und die Füße werden angehoben, sodass sie nicht mehr den Boden berühren. Die Arme werden nun um die Beine geschlungen und umklammern diese. Anschließend schaukeln die Kinder langsam vor und zurück. Dies wird eine Zeitlang beibehalten. Optional können die Kinder die Augen schließen und sich einen Schaukelstuhl in einem gemütlichen Kaminzimmer vorstellen.

25.Der Elefant auf einem Bein

Ein Bein wird vom Boden angehoben und angewinkelt, sodass der Unterschenkel im rechten Winkel nach hinten zeigt. Der Arm auf der anderen Körperseite wird horizontal nach vorne ausgestreckt. Der andere Arm umschlingt den ausgestreckten Arm von unten, woraufhin die Hand die Nase berührt. Die Nasenlöcher werden jedoch nicht verschlossen, damit unverändert weitergeatmet werden kann. Diese Haltung wird eine Zeitlang beibehalten. Nach einer Weile kann ein Seitenwechsel vorgenommen werden. Optional können die Kinder die Augen schließen und sich einen Elefant in der Savanne vorstellen.

26.Der Hase

Zunächst wird eine bequeme kniende Position eingenommen. Danach wird der Oberkörper nach vorne gebeugt, und der Kopf wird etwas zur Brust gezogen. Beide Arme werden nun hinter dem Rücken nach oben gestreckt, bis sie eine annähernd vertikale Ausrichtung erreichen. Die Hände umfassen dabei einander. Diese Haltung wird eine Zeitlang beibehalten. Optional können die Kinder die Augen schließen und sich einen Hasen auf einem großen Feld vorstellen.

27.Die Muschel

Zunächst wird eine bequeme Rückenlage eingenommen. Danach werden die Beine angewinkelt und die Hände hinter den Kopf genommen und im Nacken verschränkt. Nun werden die Knie und die Ellbogen gleichzeitig in langsamer Geschwindigkeit zusammen und anschließend wieder auseinander geführt. Diese Bewegung stellt das Öffnen und Schließen der Muschel dar. Dies wird eine Zeitlang beibehalten. Optional können die Kinder die Augen schließen und sich eine Muschel auf dem Meeresgrund vorstellen.

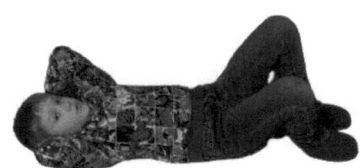

28. Der Fisch

Zunächst wird eine bequeme Bauchlage eingenommen. Danach werden die Beine gekreuzt, indem ein Bein über das andere gelegt wird. Gleichzeitig werden beide Arme diagonal nach hinten in die Luft gestreckt. Dabei werden die Hände angezogen und gekrümmt. Zusätzlich wird der Kopf ein Stück weit vom Boden angehoben. Diese Haltung wird eine Zeitlang beibehalten. Optional können die Kinder die Augen schließen und sich einen Fisch vorstellen, der fröhlich durch das Wasser schwimmt.

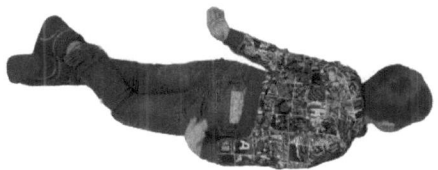

29. Der Grashüpfer

Zunächst wird eine bequeme sitzende Position eingenommen. Danach werden die Beine angewinkelt, die Knie nach innen gebracht und die Unterschenkel nach außen abgespreizt. Die Hände werden auf dem Kopf aufgesetzt, wobei die Finger nach oben zeigen. Diese Haltung wird eine Zeitlang beibehalten. Optional können die Kinder die Augen schließen und sich einen Grashüpfer vorstellen, der auf einer Wiese von Blatt zu Blatt springt.

30.Der Maikäfer

Zunächst wird eine bequeme Rückenlage eingenommen. Danach werden die Beine angewinkelt, sodass die Unterschenkel etwa im rechten Winkel nach vorne zeigen. Die Arme werden angehoben und in lockerer Haltung vertikal nach oben gestreckt. Diese Haltung wird eine Zeitlang beibehalten. Optional können die Kinder die Augen schließen und sich einen Maikäfer auf einer Blumenwiese vorstellen.

31.Die Raupe

Zunächst wird eine bequeme Bauchlage eingenommen. Danach werden die Arme nach vorne und die Beine nach hinten gestreckt. Nun werden ein Arm und das Bein der anderen Körperseite (d.h. über Kreuz) langsam ein Stück weit angehoben und dann wieder auf dem Boden abgelegt. Anschließend werden die Seiten gewechselt und der andere Arm und das anderen Bein kommen an die Reihe. Dies wird eine Zeitlang durchgeführt. Optional können die Kinder die Augen schließen und sich eine Raupe vorstellen, die sich gemächlich über die Erde bewegt.

32. Die Schnecke

Zunächst wird eine kniende Position eingenommen (Fersensitz). Danach werden die Unterarme parallel zueinander auf dem Boden abgestützt. Die Hände werden aufgerichtet, sodass die Finger schräg nach oben zeigen. Sie stellen die Fühler der Schnecke dar. Nun wird der Oberkörper nach vorn gebeugt, bis der Kopf auf den Unterarmen zum Liegen kommt. Der nach oben gewölbte Rücken stellt das Haus der Schnecke dar. Diese Haltung wird eine Zeitlang beibehalten. Optional können die Kinder die Augen schließen und sich eine Schnecke vorstellen, die gemächlich durch die Natur kriecht.

33. Die Eidechse

Zunächst wird eine bequeme Bauchlage eingenommen. Danach wird ein Arm angewinkelt, sodass der Unterarm in etwa im rechten Winkel nach oben zeigt. Das Bein auf derselben Körperseite wird ebenfalls angewinkelt, sodass der Unterschenkel in etwa im rechten Winkel nach unten zeigt. Der Kopf wird seitlich abgelegt, sodass das Gesicht in Richtung der angewinkelten Gliedmaßen zeigt. Der andere Arm und das andere Bein werden locker abgelegt. Diese Haltung wird eine Zeitlang beibehalten. Nach einer Weile kann ein Seitenwechsel vorgenommen werden. Optional können die Kinder die Augen schließen und sich eine Eidechse bei sonnigem Wetter vorstellen.

34.Der Sonnenaufgang

Die Füße stehen in etwa schulterbreit auf einer Linie nebeneinander. Danach werden beide Arme so hoch wie möglich in die Luft gestreckt. Dabei werden die Fersen angehoben, sodass der Körper auf beiden Zehenspitzen steht. Diese Haltung wird eine Zeitlang beibehalten. Optional können die Kinder die Augen schließen und sich einen wunderbaren Sonnenaufgang vorstellen.

35. Der Sonnenuntergang

Die Füße stehen in etwa schulterbreit auf einer Linie nebeneinander. Danach wird der Oberkörper nach vorne gebeugt, bis die Hände den Boden berühren. Die Beine werden dabei ebenfalls gebeugt, sodass die Oberschenkel beinahe einen rechten Winkel bilden. Der Blick ist nach unten gerichtet. Diese Haltung wird eine Zeitlang beibehalten. Optional können die Kinder die Augen schließen und sich einen malerischen Sonnenuntergang vorstellen.

36.Der Sturm

Die Füße stehen in etwa schulterbreit auf einer Linie nebeneinander. Danach wird der Oberkörper zu einer Körperseite rotiert, sodass er um etwa 90 Grad gewendet wird. Sofort darauf wird der Oberkörper zur anderen Körperseite hin bewegt. Dies wird eine Zeitlang beibehalten. Dabei werden die Arme locker gehalten, woraufhin sie nach einer Weile mitschwingen werden. Der Impuls für die schwingenden Bewegungen kommt dabei aus den Hüften. Optional können die Kinder die Augen schließen und sich einen Sturm vorstellen, der über das Land fegt.

37.Der Baum im Wind

Die Füße werden dicht nebeneinander gestellt, und die Arme hängen locker an den Körperseiten hinab. Die Spielleitung sagt nun an, von welcher Seite der Wind weht. Die Möglichkeiten bestehen in „Wind von vorne!", „Wind von hinten!", „Wind von rechts!" und „Wind von links!". Alternativ können auch die verschiedenen Himmelsrichtungen vereinbart werde. Die Kinder versetzen sich daraufhin gedanklich in die Rolle eines Baumes und geben mit ihrem Körper entsprechend der Windrichtung nach. Die Füße bleiben dabei – analog den Wurzeln eines Baumes – immer fest an Ort und Stelle, während Oberkörper und Arme sich jeweils verbiegen und verformen. Zusätzlich kann die Spielleitung irgendwann das Kommando „Wirbelsturm!" geben, woraufhin die Kinder ihren Oberkörper selbstständig abwechselnd in verschiedene Richtungen verbiegen.

Übersicht über unsere Lehrbücher

Jin Dao

Die 100 besten Kinderspiele für den Sportunterricht
mit großem Sonderteil „Kinder-Yoga"

Bleib jung mit Qi Gong!
Band 1: Die 8 Brokate im Stehen und die 3 Schwungübungen

Bleib jung mit Qi Gong!
Band 2: Die 18 Tai Chi-Übungen

Bleib jung mit Qi Gong!
Band 3: Das Lohan-Qi Gong

Bleib jung mit Qi Gong!
Band 4: Die 8 Brokate im Sitzen und der Kleine Himmelskreislauf

Bleib jung mit Qi Gong!
Band 5: Das daoistische Kreisgehen und Das Spiel der 5 Tiere

Bleib jung mit Qi Gong!
Band 6: Das Knochenmark-Qi Gong und die Embryoatmung

Die Qi Gong-Diät
Ernährung und Bewegung nach der TCM

Alle unsere Bücher sind überall im Buchhandel sowohl in deutscher als auch in englischer Sprache erhältlich.